Die Magie der inneren Stille

Die Magie der inneren Stille

Wie du dich mit der Natur verbinden und deine Lebensfreude wieder entdecken kannst

Brigitte Novalis

Novalis Press

Published by Novalis Press

Print ISBN 978-1-944870-21-8
Kindle ISBN 978-1-944870-22-5

Typesetting services by BOOKOW.COM

Was für eine Freude,
meine Reise mit euch
geteilt zu haben,
meine wunderbaren
Kinder,

Bettina Hoeppner,
Susanne Hoeppner
und
Christian Hoeppner!

Und danke dir,
Torsten Zimmer,
für deine wertvolle
künstlerische und
sprachliche Beratung!

Allem und jedem mit Stille zu begegnen, statt mit mentalem Geräusch, ist die größte Gabe, die du dem Universum geben kannst.

Ich nenne es Stille, aber sie ist ein Juwel mit vielen Fazetten: diese Stille ist auch Freude, und sie ist auch Liebe.

- Eckhart Tolle

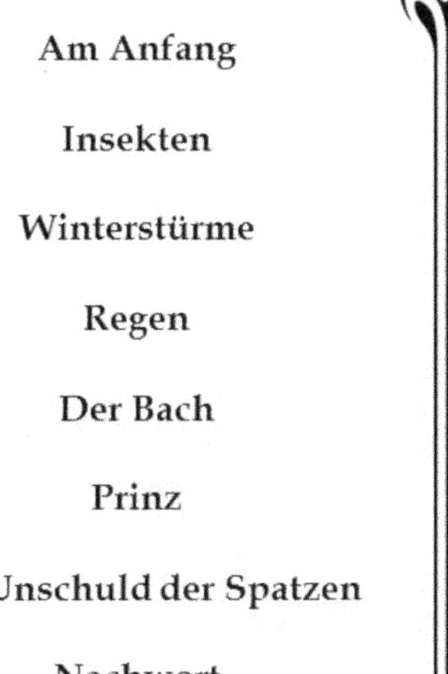

Am Anfang

Hast du je von einem schönen, strahlenden Leben geträumt? Haben deine Träume sich erfüllt? Lebst du jetzt dieses glückliche Leben?

Oder ist dein Leben glanzlos geworden?

Es gibt Zeiten, da wird das Leben zur Routine, wo Tag sich an Tag reiht und Nacht an Nacht. Man merkt vielleicht, dass man von Jahr zu Jahr etwas müder wird, etwas gelangweilter. Die Welt ringsum sieht etwas matter aus, glanzloser. Der Fluss des Lebens rauscht nicht mehr lebhaft sondern fließt träge dahin.

Wenn wir Glück haben, öffnen wir eines Tages unsere Augen etwas weiter und sehen uns selbst deutlicher und mit mehr Klarheit. Das geschah für mich an einem Morgen im Januar.

Meine Familie hatte nach dem Frühstück das Haus in einem Wirbel von Energien verlassen. Nun war das Haus still. Als ich eines der Bäder putzte, sah ich in den Spiegel. Mein Gesicht war blass, die Augen glanzlos, die Mundwinkel hingen runter. Na ja, ich bin kein Mädchen mehr, dachte ich, ich werde eben älter. Schließlich habe ich ja Verantwortung, Pflichten. Die können uns ganz schön niederdrücken. Meine Schultern waren schwer. Sogar mein Atem war mühsam. Ich setzte mich auf den Badewannenrand und fühlte, wie eine Welle von Traurigkeit mich erfasste. Ich war so traurig, dass ich schließlich weinte. Ich weinte, weil ich nicht mehr jung und munter war. Mein Leben war langweilig und ging nicht mehr bergauf sondern nur noch bergab, zumindest dachte ich das. Ich lief und hüpfte nicht mehr, ich ging nur noch. Warum, so fragte ich mich, sind meine Füße so träge?

Ich zog meine Hausschuhe aus und betrachtete meine Füße. Dann spielte ich mit den Zehen, wie Kinder es öfter tun. Fühle ich meine Füße, fühle ich meine Zehen? Ich konnte meine Zehen anfassen und sie mit der Hand fühlen, aber ich konnte nicht einfach so von innen meine Füße fühlen. Wenn ich meinen Körper nicht mehr fühle, von innen fühle, dann bin ich ja gar nicht mehr richtig lebendig, dann bin ich ja nur noch ein Schatten meiner selbst, dachte ich und weinte noch mehr.

„Ich möchte wieder lebendig sein", sagte ich zu meinem Spiegelbild. „Was kann ich tun, um wieder richtig lebendig zu sein?“ Bei diesen Worten wurde es mir schon leichter ums Herz, als hätte ich einen Weg gefunden, dem ich folgen konnte.

Ich wusch mir das Gesicht und ging dann barfuß durchs Haus. Ich fühlte die kalten, glatten Kacheln im Bad, die rauhen Kacheln in der Halle und den maserigen Parkettboden, die wolligen Orient-Teppiche im Wohnzimmer und den weichen Teppichboden im Schlafzimmer. Meine Füße fühlten, und ich fühlte meine Füße. An jenem Tag fing ich wieder an, meinen Körper zu fühlen.

Wenn man einmal die Tür aufstößt, die Tür zu einem selbst, dann entdeckt man immer mehr. Ich entdeckte, wie meine Gedanken wie Hamster in ihren Tretmühlen immer rundum liefen. Und so traurig und entsagungsvoll waren meine Gedanken. So viele ‘kann ich nicht’ und ‘sollte ich nicht’! So viele ‘ach, das kenne ich schon’!

Wie oft in meinem Leben ist es schon Frühling, Sommer, Herbst und Winter geworden. Wie viele Sonnenauf- und Untergänge hatte ich schon gesehen. Ach, das kenn' ich schon, das ist doch nichts Besonderes.

Wenn die Sonne aufging, sah ich nicht nur die Sonne an diesem Tag in diesem besonderen Augenblick aufgehen sondern alle möglichen Sonnen an allen möglichen Tagen. Ein triviales Erlebnis.

Wie eine dicke Staubschicht lagen Erinnerungen auf meinen Erlebnissen. Ich war wie begraben unter vergangenen Ereignissen.

Ich wusste dann, dass ich mehr wollte. Ich wollte leben, wirklich leben. So fing ich an diesem kalten, dunklen Januarmorgen an, Frühlingsputz bei mir drinnen zu machen. Ich setzte mich auf einen Stuhl, die Füße flach auf dem Boden, die Hände auf den Knien. Ich schaute auf den Teppich zwei Schritte entfernt von mir und dachte nichts. Na ja, zuerst dachte ich viel.

Unglaublich, wie aktiv der Verstand sein kann, wie die Gedanken ununterbrochen in schneller Folge fließen – Gedanke nach Gedanke, Bild nach Bild.

Ich strengte mich an, nichts mehr zu denken, und schwitzte vor Anstrengung, aber ich machte mit meinen täglichen Meditationen tagelang weiter. Dann, in einem begnadeten Augenblick, fand ich innere Ruhe. Danach fiel es mir leichter, diese innere Ruhe zu finden. Im Laufe der nächsten Wochen lernte ich, die störenden Gedanken sanft zur Seite zu schieben. Je öfter ich für einige Augenblicke die innere Ruhe fand, desto froher und leichter wurde mir ums Herz. Ich fing wieder an zu leben.

Eines Tages im Frühling ging ich mit Prinz, unserem Schäferhund, durch unser Wäldchen. Prinz schnüffelte nach Fährten von Rebhühnern und Hasen und hob hin und wieder sein Bein, um eine besoners interessante Stelle zu markieren. Ich versuchte, tief und ruhig zu atmen und nichts zu denken. Wie oft hatte ich schon im Sitzen meditiert. Nun wollte ich im Gehen meditieren. Nur gehen und schauen und fühlen und atmen und sein. Immer wieder kamen mir Gedanken und Bilder in den Sinn. Immer wieder schob ich sie zur Seite. Nur gehen und schauen und fühlen und sein. Gedanken zur Seite schieben. Nur gehen und schauen und fühlen und sein. Nur gehen .... Nur sein .....

Langsam und allmählich fühlte ich mich anders. Etwas in mir oder außerhalb von mir veränderte sich. Der Bach, der sich durchs Wäldchen schlängelte, floss schneller, schien mir entgegen zu fließen. Sein Wasser schien heller, klarer, kristallener zu sein. Was machte den Bach so anders? Dieser Gedanke brachte mich fast heraus aus diesem besonderen Seins-Zustand. Nicht denken, nur gehen und schauen und fühlen und sein.

Dann *dachte* ich nicht, dass der Bach anders war, ich *fühlte* es. Ich fühlte, dass der Bach irgendwie Bewusstsein hatte. Er schien lebendig zu sein wie die Bäume ringsum, wie der Schäferhund, der mich umwedelte, wie ich selbst.

Es war fast windstill, dennoch bewegten sich die Zweige der Bäume, an denen ich vorbeiging, als wollten sie mich grüßen oder anfassen. Selbst die Vögel sangen bedeutungsvoller, so als sängen sie nicht nur so vor sich hin oder für sich selbst sondern für mich. Nicht denken, nur gehen und atmen und fühlen und sein. Blätter und Gräser waren grüner, als ich sie je gesehen hatte, von einer edelstein-leuchtenden Grünheit. Ein Eichhörnchen lief einen Baum hinauf mit unglaublicher Kraft und Anmut. Diese Schönheit, diese Pracht in allem Leben ringsherum bewegte mich zutiefst.

Freudige Empfindungen durchströmten mich und ich fühlte die liebende Gegenwart von wunderbaren Wesen.

Was für wunderbare Wesen?, fragte ich mich.

Während der Hund anfing, unter einem Baum zu graben, und ich dem gewundenen Pfad über Baumwurzeln folgte, grübelte ich, was das wohl für Wesen sein mochten, deren Gegenwart ich fühlte. Engel? Erzengel? Etwa Gott selbst? Oder die menschlichen Wesen, die vor uns den Weg des Irdischen gingen? So etwas wie Engel-Freunde? Wunderbare Wesen?

Als ich auf die Wiese hinaus trat, erschien sie mir so frisch, so reich an Blumen, Gräsern, Blättern, Insekten und Vögeln wie nie zuvor. Mit all meinen Sinnen und mit meinem Herzen sah ich dieses reiche und strahlende Leben an, und es schien erwartungsvoll zu mir zurück zu schauen.

Mein Blick fiel auf eine kleine Trauerbirke. Sie war das einzigen Wesen in diesem strahlenden Glanz, das elend da stand mit ihren spärlichen Blättern und herunter hängenden Zweigen.

Unter ihr wucherten Blumen und Stauden, neben ihr gluckerte der Bach so zufrieden, Vögel sangen und die Sonne schien, doch die Trauerbirke ließ ihre fast nackten Zweige noch trauriger hängen als sonst. Ich hatte das Gefühl, dass ich etwas tun sollte, um der Birke zu helfen. Aber was?

„Du müsstest in Findhorn wachsen“, sagte ich ihr, „dort bringen sie mit Pflanzen Wunder zuwege.“

Gerade hatte ich ein Buch über die Findhorn-Gärten in Schottland gelesen, wo sie herausfanden, dass wir mit unseren Gedanken und Gefühlen Pflanzen beeinflussen. Wenn man zum Beispiel zwei gleich starke und gleich gesunde Topfblumen auf dem selben Fensterbrett stehen hat und beide gleich gut mit Wasser, Düngung und Licht versorgt, aber zu der einen Blume freundlich ist und sagt: „Wie prächtig du doch blühst, meine Schöne“, und die andere kritisiert: „Was mickerst du denn herum, du bringst doch kaum eine Blüte zustande“, dann wird die gelobte

Blume blühen und die geschmähte welken. Nun, dieses Experiment hatte ich selber noch nicht gemacht. Ich brachte es nicht über mich, meine Hauspflanzen zu kränken, aber ich fand es erstaunlich, dass wir mit Pflanzen interagieren können.

Alles mögliche über Bäume fiel mir ein, als ich vor der Trauerbirke stand. Ich hatte gelesen, dass Bäume wie alle Lebewesen eine Aura haben, ein Kraftfeld. Ferner hatte ich gelesen, dass man, wenn man mit dem Rücken an den Stamm eines Baumes gelehnt sitzt, etwas von seiner Lebenskraft in sich aufnimmt, was einen heilt und verjüngt. Dann zündete dieser Gedanke bei mir. Wenn Menschen sich Energie von Bäumen nehmen können, müsste auch ein Mensch einem Baum Lebensenergie geben können. Das musste doch in beiden Richtungen wirksam sein.

Als ich näher an die Birke heran ging, wurde ich mir der Absurdität meiner Gedanken bewusst. Einen Baum heilen?, dachte ich, noch nie davon gehört! Andererseits, wenn man nie neue Dinge ausprobiert, lernt man nichts dazu. Dann wiederholt man immer wieder die altgewohnten Muster und stirbt schließlich aus Langeweile ab.

Zwei Schritte von der Birke entfernt blieb ich stehen.

„Darf ich dir Energien schenken?“ fragte ich sie. Ein leichter Wind ließ sie zittern. War das ein Ja oder ein Nein?

„Was ist denn heute mit dir los?“ fragte sich ein Teil von mir, „ist das noch normal, sich mit einer Birke zu unterhalten? Komm zurück auf den Boden der Realität.“

Ein anderer Teil von mir aber war ganz ergriffen und vertrauensvoll.

Ich bückte mich unter die Zweige der Birke und legte meine Hände um ihren Stamm. Ich dachte: Nimm dir soviel Energie, wie du brauchst, und wartete ab. Meine Hände an der Birke fühlten ein Kribbeln. Es kam mir vor, als wenn ein elektrisches Feld mich umgab, das von der Birke ausströmte. Vielleicht strömte dieses elektrische Feld auch von mir zu der Birke hin.

Die Birke unter meinen Händen schien jetzt zu vibrieren. Auch gingen Wellen von feinen Energien den Stamm auf und ab. Das elektrische Feld zwischen mir und der Birke verstärkte sich. Still sein, atmen, lauschen. Liebe strömte von meinem Herzen durch meine Arme und Hände zur Birke hin.

Als die Kinder aus der Schule kamen, erzählte ich ihnen, dass ich der kleinen Trauerbirke Energien geschenkt hatte. Es war möglich, dass nichts geschah und ich mich mit meiner Intuition geirrt hatte.

Falls die Birke aber wieder gesund werden und mehr Blätter treiben würde, dann könnten die Kinder von

Anfang an lernen, dass es möglich ist, mit Pflanzen Energien zu teilen.

Nun ging ich drei Wochen lang täglich zu der kleinen Birke und legte meine Hände um ihren Stamm. Wieder fühlte ich, wenn ich meine Augen schloss und ganz still wurde, wellenförmige Energiebewegungen zwischen mir und der Birke.

In den folgenden Wochen wuchsen ihr immer mehr Blätter. Sie war zwar nicht voll begrünt, aber sie sah viel frischer aus! Als dann nach Sommer, Herbst und Winter der nächste Frühling kam, war die kleine Trauerbirke über und über mit Blättern bedeckt.

Es war ein einfacher Schritt – mich meines Körpers gewahr zu sein und meine innere Gegenwart zu fühlen – der lebendiges Gewahrsein in meinen Körper und in mein Denken und Fühlen zurück brachte. Sobald ich in meinem Körper lebte und meine innere Gegenwart fühlte, konnte ich auch die Gegenwart der Wesen wahrnehmen, die ich die Wunderbaren nenne. Mein Wunsch nach einem schönen, strahlenden Leben erfüllte sich.

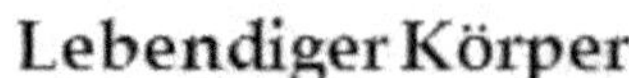

Lebendiger Körper

Um wirklich zu leben,
musst du in deinem Körper
zu Hause sein. Werde dir deines
Körpers bewusst, fühle dich wohl
in ihm und erlebe ein neues
Lebendig-Sein.

Deine Füße fühlen

Setze dich auf einen Stuhl
und fühle deine Füße in den Strümpfen
und in den Schuhen.

Werde dir bewusst,
was für ein Gefühl es ist, wie
deine Füße den Boden berühren.

In deinem Körper zu Hause sein

Gehe barfuß über Kacheln,
Holzböden und Teppiche,.
über Gartenwege und Gras.

Lass deine Füße die
verschiedenen Texturen
und Temperaturen spüren.

Fühle deinen Körper
von innen.
Genieße das Gefühl,
in deinem Körper
zu Hause zu sein.

Specht

Insekten

Seit der Birkenheilung waren Wochen vergangen. Regenwochen. Es regnete ohne Unterlass. Es regnete auf Garten, Haus und Wiese, auf Wald und Felder und die kleine Trauerbirke. Dann schien die Sonne wieder und funkelte in den Regentropfen auf Blättern und Gräsern. Die Kinder stürmten aus dem Haus und spielten mit Prinz Turnier. Er war das 'Turnierpferd' und musste über ihre kleinen selbst gebauten Hindernisse springen. Er sprang aber nur, wenn sie auch sprangen. Also sprangen sie alle.

Die Katzen, die sich während der Regenzeit nur von Sofa zu Sofa und von Fressnapf zu Fressnapf bewegt hatten, jagten auf der Mäusewiese.

Jan, der stolze Kater, der Mäusejagd für unter seiner Würde hielt, lauerte den Wasserratten unter der Steinbrücke auf.

Auch ich ging aus dem Haus in den Garten und über die Wiese. Das Gras war kniehoch gewachsen und musste geschnitten werden. Die Brennesseln waren inzwischen kilometerlang gewachsen. Zumindest schien es mir so.

Als ich mich brennesselzupfender Weise durch die Blumenrabatten am Bachabhang bewegte, fielen mir die Vögel auf. So zutraulich waren sie noch nie gewesen. Sie flatterten um mich herum und sangen ganz in meiner Nähe. Sie bewegten sich mit mir die Böschung entlang und begleiteten mich von Busch zu Busch. Ich dachte daran, wie gern ich sie singen hörte und wie gut sie mir gefielen.

Schade, dass ich nicht mit ihnen sprechen kann,

dachte ich, na ja, sprechen kann ich ja, aber ob sie es verstehen?

Wie als Antwort darauf flog eine Meise auf einen Ast genau über mir und sang mir geradezu ins Ohr. Da ging die Haustür auf und die Vögel flatterten fort. Nach einer Weile begleiteten sie mich wieder durch den Garten.

Überall im Garten hatten wir Bienen. Sie summten um uns herum in den Blumenbeeten, in den blühenden Büschen und im Gemüsegarten. Wir hatten Borretsch gesät, um ihnen einen Gefallen zu tun, denn Bienen haben eine Vorliebe für die blauen Blüten des Borretsch. Die Bienen, die uns so zahlreich besuchten, waren keine wilden Wald- oder Heidebienen, sie gehörten unserem Nachbarn, sozusagen. Er hatte mehrere Bienenkörbe und pflegte sie mit Hingabe. Er liebte sie sehr, nur seine Familie ärgerte sich über sie, besonders seine Frau, denn sie wurde immer wieder gestochen.

„Das verstehe ich nicht, Marie“, sagte ich ihr, „eure Bienen sind doch auch hier bei uns, und uns stechen sie nicht.“

„Ihr wohnt ja auch ein gutes Stück weg von uns“, sagte sie, „und das macht schon viel aus. Zu euch kommen nicht so viele, wie wir in unserem Garten haben.“

Doch sie summten und brummten überall bei uns. Allerdings, wir dachten freundlich über Bienen. Seit die Kinder ‘Die Biene Maja’ im Fernsehen gesehen hatten, gehörten sie zu unseren Lieblingstieren.

Eines Tages schnitten die Kinder mit dem dröhnenden Rasenmäher das Gras auf der langen Wiese, und ich hatte es übernommen, die Schubkarren mit dem abgeschnittenen Gras zu den Komposthaufen zu fahren. Die Borretschpflanzen links und rechts vom Weg in den Gemüsegarten hinein waren hoch und dicht gewachsen wie Büsche, und ich musste die Karre zwischen ihnen hindurch zwängen, wenn ich zu den Komposthaufen wollte. Wolken von Bienen hingen um die Borretschpflanzen.

Als ich mit der vollen Karre vor ihnen und den Borretschpflanzen stand, kamen mir Bedenken. So viele hungrige Bienen summten da herum, Hunderte von Bienen. Wenn die so richtig ärgerlich auf mich werden und mich stechen, dachte ich, bin ich krankenhausreif. Andererseits, wir wollen ja alle friedlich zusammenleben, da haben die Bienen auch mal ein Opfer zu bringen.

„Hört mal“, sagte ich zu ihnen, „wir gönnen euch unsere Blumen und haben eigens für euch den Borretsch gesät, aber nun muss ich ein paar Mal mit der Karre durch. Habt Geduld und stecht mich nicht.“

Dann schob ich die Karre zwischen den Stauden durch. Sie schlugen hinter mir zusammen. Hunderte von Bienen wurden aufgestört. Eine Minute später kam ich mit der Karre vom Komposthaufen zurück und zwängte mich auf dem Weg zur Wiese wieder durch die Borretschpflanzen, die abermals hinter mir zusammenschlugen. Wieder wurden Hunderte von Bienen aufgescheucht.

Dann belud ich die Karre auf der Wiese, schob sie über die steinerne Brücke, den Vorplatz entlang und in den Gemüsegarten hinein, zwängte abermals die Borretschpflanzen auseinander, scheuchte wieder Hunderte von Bienen auf, und das eine Stunde lang.

Nichts geschah. Oder besser gesagt, viel geschah. Keine Biene stach mich. Sie schienen meine gute Absicht zu fühlen. Sie hatten Geduld und stachen mich nicht. Ich brauchte sie nur darum zu bitten.

In jenen Wochen und Monaten fing ich an zu ahnen, wie höflich Tiere sind.

Allerdings hatte ich kein gutes Verhältnis zu Hornissen. Weit, weit weg in den Wäldern, wo sie mich und die Meinen nicht stören, erkannte ich ihre Daseinsberechtigung an, da gönnte ich ihnen ein gutes, friedliches Leben. Aber hier bei uns vor dem Haus im Garten? So nah bei uns? Jedes Mal, wenn wir zum Komposthaufen gingen? Dort fühlten sie sich nämlich besonders wohl.

Eines Tages im Frühsommer waren sie erschienen. Nicht zahlreich, immer nur die eine oder andere. Wenn wir unseren Eimer mit den Gemüseresten und Kartoffelpellen auskippten auf dem neuesten Komposthaufen, war fast immer eine da. Eine große, lange, sehr kriegerisch aussehende Hornisse.

Als Kind hatte ich schlimme Geschichten über Hornissen gehört. „Wenn ein Mensch dreimal von Hornissen gestochen wird, muss er sterben. Selbst ein Pferd stirbt schon nach fünf Hornissenstichen."

Und solche gefährlichen Tiere lungerten nun um die Komposthaufen herum. Täglich liefen und sprangen meine Kinder und ihre Freunde ums Haus und durch den Garten. Könnten die Hornissen sich nicht eines Tages gestört oder gar angegriffen fühlen und die Kinder stechen? Könnten solch kleine Kinder möglicherweise schon nach einem einzigen Hornissenstich sterben? Nein, das konnte ich nicht zulassen. Solch einer Gefahr wollte ich sofort begegnen. Beim nächsten Mal, als ich den Kücheneimer zum Komposthaufen trug, nahm ich eine große Schippe mit. Als da wieder eine Hornisse herumsummte und herumwühlte, schlug ich zu. Ich schlug zu, so kräftig ich konnte, immer wieder. Ich war grausam aus Angst. Dabei schämte ich mich sehr.

Aber sie muss doch einsehen, dass ich die Kinder schützen muss, dachte ich.

Muss sie das einsehen?, fragte ich mich später. Hat sie selbst nicht auch ein Recht zu leben?

Mehrere Tage lang schlug ich Hornissen tot und schämte mich dafür. Abends im Bett grübelte ich darüber nach. Wer könnte mir raten? Wer könnte mir helfen?

Die Nachbarn rieten: „Schlag sie tot, aber lass dich vorher nicht von ihnen erwischen."

Das half mir nicht weiter. Sollte ich bei einer Zeitung anrufen oder beim biologischen Institut der Uni? Wen könnte ich sonst fragen? Wer war weise genug, mir einen guten Rat zu geben? Die Wunderbaren fielen mir ein. Hatte ich sie nicht schon vorher um Hilfe gebeten? Waren sie nicht meine Freunde? Also bat ich sie um Rat. Ich setzte mich im Wald an den Bach.

„Ihr Wunderbaren", sagte ich, „helft bitte den Hornissen und mir und gebt mir einen Rat."

Ich lauschte auf das Rascheln der Blätter und das Gluckern des Baches und ließ meinen Geist still werden. Dann lauschte ich nach innen. Ich wartete darauf, dass etwas geschah, dass etwas Ungewohntes sich in mir bemerkbar machte, ein neuer Gedanke oder ein neues Gefühl, so wie es bei der Birke gewesen war. Aber nichts geschah, jedenfalls nicht an dem Tag. Doch ich erhielt meine Antwort.

Einige Tage später, als mein Mann vom Büro nach Haus kam, erzählte er von einer interessanten Sendung, die er auf der Heimfahrt im Autoradio gehört hatte. Eine Sendung über Hornissen. Wie wertvoll sie seien als natürliche Gegner der Wespen.

Als ich am nächsten Mittag mit zwei Eimern voller Brennesseln am Komposthaufen stand und wieder zwei Hornissen zufrieden herumbrummen und essen sah, wusste ich, totschlagen werde ich sie nicht mehr. Es muss einen besseren Weg geben.

Ich blieb drei Schritte entfernt von ihnen stehen. Mit den Bienen hatte ich mich ja schon geeinigt, konnte ich das nicht auch mit den Hornissen machen? Dass ich da nicht gleich drauf gekommen war! Also sprach ich mit den Hornissen.

Zuerst bat ich sie um Verzeihung, dass ich ihre Familienmitglieder totgeschlagen hatte. Dann erklärte ich ihnen, dass ich das getan hatte, um die Kinder zu schützen. Ich schlug ihnen einen Kompromiss vor.

Ich bat sie, fortzufliegen, wenn wir Menschen zum Komposthaufen kämen, und erst wiederzukommen, wenn wir fort wären. Ich sagte ihnen auch, dass ich ihnen das Futter im Kompost gönnte und dass ich mich freute, wenn es ihnen gut ginge.

Die Hornissen summten und wühlten weiter im Komposthaufen und schienen mich nicht zu beachten.

Mein Verstand schüttelte den Kopf, sozusagen. Nun spinnst du wohl vollkommen! Einer kleinen Birke Energien schenken, nun ja, und Bienen friedlich stimmen, auch das geht ja noch, aber mit Hornissen sprechen und mit ihnen einen Handel abschließen wollen! Du hast ja wohl nicht alle Tassen im Schrank.

Mein Verstand kann da recht deutlich werden, doch mein Gefühl innen drin war friedlich. Es machte sich in mir die Erkenntnis breit, dass die Zeit gekommen ist, dass wir Menschen neue Wege gehen.

Entschlossen kam ich mit meinen Eimern näher. Beide Hornissen flogen auf. Sie zogen zuerst kleine und dann immer größere Kreise über dem Komposthaufen und flogen dann in Richtung Wald davon.

Und sie hielten sich an diese Abmachung. Jedes Mal. Drei Jahre lang blieb ich dort wohnen, und drei Jahre lang flogen die Hornissen in immer größeren Kreisen davon, wenn wir zu den Komposthaufen gingen. Sie stachen uns nicht, wir schlugen sie nicht tot.

Wochenlang herrschte Frieden in unserer kleinen Welt, aber dann, gerade als die Erbsenschoten dicker wurden, kam eine Plage. Hunderte von kleinen schwarzen Käfern, ungefähr so klein wie Blattläuse, setzten sich auf Kräuter und Möhren und vor allem

auf die Erbsen. Täglich wurden es mehr. Sie saßen und fraßen auf den Gemüsepflanzen und Kräutern. Sie vermehrten sich und wuchsen immer größer. Schließlich wuchsen die älteren von ihnen so groß wie kleine Fingernägel, und wir konnten nun erkennen, dass sie nicht nur schwarz waren und sondern auch perlmuttfarben glänzten. Das war das einzig Schöne an ihnen. Wo sie saßen, widerlich wie schwärzlicher Schleim, welkten die Pflanzen dahin.

Ich beschloss, alle käferbesetzten Pflanzen auszureißen, um die anderen Pflanzen zu schützen, die noch nicht von den Käfern befallen worden waren. Ich warf sie in eine tiefe Kuhle im Obstgarten, warf Stroh und Papier hinterher und zündete das alles an. Ich dachte, ein Tod im Feuer, im Bruchteil einer Sekunde, sei noch der humanste Weg, um mit diesen Käfern fertig zu werden. Aber vergebens. Am nächsten Tag waren noch mehr Käfer da.

Unsere Freunde und Nachbarn taten, was sie immer taten, wenn die Natur sich als schwierig erwies: sie spritzten Gift.

„Das werdet ihr auch noch lernen“, sagten sie zu uns, „ohne Gift geht es heutzutage nicht mehr.“

Doch Gift war keine Alternative für uns. Wir meinten, dass es schon viel zu viel Gift in der Luft, im Wasser und im Boden gibt. Aber was dann? Die Kinder, die so oft die Erbsen begossen hatten und viele Stunden lang die Beete gejätet hatten, wurden traurig. Alle Arbeit umsonst.

„Es wird schon werden“, sagte ich ihnen, „die Käfer werden bald weiterziehen. Die Natur ist doch freundlich.“

Doch die Käfer taten nichts, um diese gute Meinung zu bestätigen. Sie vermehrten und vermehrten sich. Immer mehr Pflanzen riss ich aus und verbrannte sie samt Käfern, doch mehr und mehr Pflanzen wurden von den Käfern überzogen, schließlich auch einige Blumen, die die Gemüsebeete säumten.

Unsere Nachbarn waren erbittert, denn es kostet viel Zeit und Arbeit, einen Gemüsegarten zu pflegen. Immer schlimmer wurde der Giftkrieg in ihren Gärten. Auch unser Garten sah wie ein Schlachtfest aus mit einer Armee von kleinen und kleinsten Käfern auf all den Pflanzen. Ich merkte, dass es sinnlos war, die Käfer zu verbrennen. Sie schienen sich um so schneller zu vermehren. Aber was konnte ich tun? Wen konnte ich um Rat fragen, der mir nicht Gift empfahl?

Die Wunderbaren! Also gut. Ich ging auf unsere Wiese, die so zufrieden und invasionslos blühte, setzte mich an den Bach und lauschte. Das Rieseln des Wassers und das Säuseln der Blätter machte meinen Geist ganz still.

„Ihr Wunderbaren, gebt mir bitte einen Rat. Was kann ich tun, damit die Käfer nicht mehr unseren Garten verwüsten?“ Keine Antwort.

Wie ich es schon so oft getan hatte, richtete ich meine Aufmerksamkeit nach innen. Ich fühlte meine Füße und Beine, meine Hände und Arme, mein Herz und schließlich meinen ganzen Körper von innen. Ich spürte auch ein subtiles Fließen von Energien in meinem Körper. Je mehr ich mir dieses Fließens von Energien bewusst wurde, desto deutlicher konnte ich sie fühlen.

Ich spielte mit diesen fließenden Energien. Ich schwächte sie, indem ich an etwas anderes dachte. Ich stärkte sie, wenn ich mich mehr auf sie konzentrierte.

Mein Atem war inzwischen ruhiger und tiefer geworden. Da ich neugierig war, mehr über die Auswirkungen meines Atems heraus zu finden, atmete ich noch ruhiger und tiefer, und nach einer Weile geschah etwas Unerwartetes: ich fühlte Licht in meinem Körper und in meiner Umgebung.

Wie lange ich in diesem strahlenden inneren Licht blieb, kann ich nicht sagen. Nach einer Weile bemerkte ich noch ein anderes Licht. Ein Licht, das weder hell noch dunkel war. Ich kann es nur als ein Licht jenseits bezeichnen. Jenseits von was? Der bekannten Realität?

Eine unserer Katzen fühlte diese ungewöhnlichen Energien. Flicka kam näher, setzte sich sanft schnurrend auf meine Kniee und brachte mich zurück von wo immer ich auch gewesen war.

Dennoch, fasziniert von diesen Erfahrungen mit den Energien, spielte ich mit den Möglichkeiten. Zuerst atmete ich Licht durch meine Nase in meine Lunge ein. Das fühlte sich nicht richtig an. Dann stellte ich mir vor, dass ich Licht durch alle Poren meiner Haut einatmete, und die Energie schien meiner Absicht zu folgen. Auf diese Art Licht einzuatmen fühlte sich so gut an, dass ich mich fragte, ob ich nicht mein ganzes erwachsenes Leben lang verkrüppelt war, weil ich nicht wusste, wie man Licht einatmen kann. Diese fließenden Energien schienen jede Zelle in meinem Körper zu erfrischen. Ich fühlte mich ganz und gar lebendig.

Dieses Mal, als ich die Wunderbaren fragte, kam die Antwort sofort, und zwar als Gefühl. Wenn ich das in Worte fasse, dann war die Antwort:

„Sprich mit den Käfern."

„Was? Ich soll mit den Käfern sprechen? Mit diesen widerlichen, hässlichen Schädlingen?"

Ein Gefühl der leisen Trauer breitete sich in mir aus, so als hätte ich versagt. Waren die Wunderbaren enttäuscht von mit? Dann kamen mir in schneller Folge Bilder in den Sinn, Bilder von uns Menschen, wie aus großer Höhe gesehen. Ich sah Bilder, wie wir Menschen uns maßlos vermehren auf diesem Planeten, wie wir uns ausbreiten ohne Rücksicht auf andere Lebensformen. Ich sah uns so ähnlich wie diese hässlichen Käfer.

Nein, die Käfer waren ja gar nicht hässlich, nur ihre Auswirkungen waren hässlich. Auch die Auswirkungen von uns Menschen sind hässlich. In dieser Welt, die wir mit allen anderen Lebewesen friedlich teilen sollen, handeln wir nicht besser als diese Käfer. Wir vergiften und besudeln unsere Welt.

Wie im Zeitraffer sah ich Städte in Wiesen und Wälder hinein wuchern, Straßen ihre Tentakel gnadenlos in Wälder und Berge schneiden, Schornsteine ihren giftigen Atem in die Luft ausstoßen, Röhren aus Städten und Fabriken Giftwasser in Bäche und Flüsse speien, Müllhaufen sich wie Geschwüre auf der lebendigen Erde ausbreiten.

Ich weinte. Oh, Käfer, welch eine Lehre! Ich habe Hunderte, vielleicht Tausende von euch umgebracht. Wie ein rächender Gott habe ich in euer Leben eingegriffen und euch gnadenlos verbrannt. Ich schäme mich, euch verbrannt zu haben. Ich schäme mich, so abschätzig von euch gedacht und gesprochen zu haben. Verzeiht, verzeiht.

Schließlich ging ich in den Gemüsegarten. Dort sprach ich zu den Käfern in Gedanken- und Gefühlsbildern. Bitte, Käfer, zieht weiter. Verteilt euch auf Wiesen und Wälder und Heide. Lasst unseren Garten in Ruhe, damit wir hier in Frieden leben können. Bitte.

In drei Tagen waren sie verschwunden. Der Giftkrieg in den Gärten unserer Nachbarn hielt noch wochenlang an.

Mich beschäftigte noch lange die Frage, warum die Käfer in unserem Garten freiwillig fortgezogen waren. Es gab keinen Vertrag zwischen uns. Ich hatte ihnen kein gutes Angebot gemacht wie: „Esst unsere Erbsen aber lasst unsere Bohnen in Ruhe."

Gar nichts habe ich ihnen angeboten außer meiner Entschuldigung und meinem Verständnis. Ich habe sie nur gebeten. Das war alles.

Da es mein Einatmen von Licht gewesen war, das meine Verbindung zur Natur gestärkt hatte, teile ich meine Atem-Meditation mit dir. Wenn du willst, kannst auch du Licht einatmen und im Laufe der Zeit offener werden für die erleuchtende Kommunikation mit den intelligenten Kräften der Natur.

Licht atmen – Licht sein

Ein unendliches Meer
von Energie umgibt uns.
Wenn wir Licht atmen, füllen wir uns
mit Lebensenergie an. Diese Energie
erhellt uns auf allen Ebenen und strahlt
auch in unsere Umgebung hinaus.

Atme ruhig und tief,
und während du die Luft durch
deine Nase einatmest,
atme gleichzeitig weiß-goldenes Licht
durch alle Poren deines Körpers ein.

Während du Luft ausatmest,
schickst du dieses weiß-goldene
Licht in deinen ganzen Körper
und schließlich durch die Poren
deiner Haut in das Energiefeld,
das dich umgibt.

Winterstürme

Es war ein kalter Winter. Auf Wegen und Straßen lag nur wenig Eis und Schnee, aber gerade genügend, um sie unangenehm glatt zu machen. Wir zogen uns ins Haus zurück, genossen das Herdfeuer, die Vorlesestunden nach dem Mittagessen, die Gesellschaft des Hundes, der sich unseren Füßen niederließ, und der Katzen, die sich zu uns auf Sofas und Sessel gesellten und sich bei uns zusammenrollten. Unvergessen sind diese langen, dunklen Winterabende, gerade geschaffen zum Bratäpfel-Essen, zum Tee-Trinken, zum Erzählen und zum Lesen.

In jenem Winter entdeckte ich Seth, diese Energiegestalt, die von Jane Roberts gechannelt wurde. Ich las 'Das Seth-Material', 'Die Natur der persönlichen Realität' und 'Individuum und Massenschicksal'. Seth lehrte mich eine neue Art zu denken, die ich

in meinen jahrelangen Studien der Philosophie an unserer Universität nicht gefunden hatte. Das Studium dieser Bücher erweiterte meine Weltsicht unwiderruflich, eine Weltsicht, in der wir unsere eigene Realität erschaffen und in einer selbstverständlichen und bedeutungsvollen Beziehung mit den Geschöpfen und Energien der Natur zusammen leben. Was ich im Sommer erlebt hattte, ließ ich im Winter meinen Verstand verarbeiten. Welch eine

Herausforderung für meinen Verstand!

Dann kam der Sturm, ein Wirbelsturm. Er kam vom Atlantik her, brauste und brandete über die Niederlande und zog eine Schneise der Vernichtung hinter sich her. Das Fernsehen zeigte fortgewehte Dächer, durch die Luft gewirbelte Autos, abgebrochene Bäume. Todesopfer waren zu beklagen. Nun näherte sich dieser Sturm auch unserer Gegend. Wir folgten den Warnungen des Fernsehens und den Ratschlägen unserer Nachbarn und brachten Fahrräder und Mülltonnen unter Dach und Fach. Der Sturm wurde immer stärker. Wir schlossen Türen und Fensterläden. Ich schaffte es kaum, den letzten rüttelnden Holzfensterladen an der Sturmseite des Hauses zu verriegeln.

Sorgenvoll blieb ich vor den großen Fensterscheiben des Wintergartens stehen, die keine Fensterläden hatten. Wenn der Sturm Äste von den Bäumen brach und so ein Ast auf eine der schutzlosen Scheiben fiel, dann war nicht nur das Fenster zerbrochen sondern auch die Blumen und Palmen dahinter.

Ich sah schon meine Pflanzen gebrochen und von Scherben zerfetzt in einer dunklen Brühe von Erde

und Holz und Wasser auf den Fliesen des Wintergartens liegen. Was konnte ich nur tun, um sie zu schützen? Während der Sturm mich schüttelte, grübelte ich darüber nach. Der Sturm wurde immer eisiger und wilder. Ich sollte endlich ins Haus gehen.

Da fiel mir Seth ein, was er über das Wetter im allgemeinen und über Stürme im besonderen gesagt hatte. Wir stehen doch alle mit den Kräften der Natur in Verbindung. Sollte ich versuchen, mit dem Sturm Verbindung aufzunehmen?

„Nicht schon wieder!“, stöhnte mein Verstand, „kannst du nicht Philosophie Philosophie sein lassen und ein normales Leben wie andere führen? Geh endlich rein ins Haus, damit dir nicht gleich die Äste um die Ohren fliegen."

Es gibt Zeiten, zu denen ich nicht auf meinen Verstand höre. Er hat nicht immer den richtigen Unternehmungsgeist. Ich blieb also mit dem Rücken zum Haus stehen und schaute in die Richtung, aus der der Sturm kam. Nahezu ungebremst brauste er über Wannings Pferdekoppel auf unser Haus zu. Nur einige unserer Sträucher und Apfelbäume und Kiefern standen zwischen uns und dem zischenden Atem des Sturmes.

Ich versuchte, meine Gedanken zu beruhigen und den Sturm zu erfühlen. Sturmböen ließen mich immer stärker schwanken. Um atmen zu können, legte ich meine Arme vors Gesicht. Trotz des warmen Anoraks zitterte ich vor Kälte. Der Sturm war gewaltig, mächtig und wild. Er presste meinen Körper wie ein abgerissenes Blatt gegen die Hauswand. Auch mein Fühlen und Denken wurde irgendwie zusammengepresst. Diese Naturgewalt war viel zu stark für mich, zu stark aber nicht feindlich.

Bevor ich ins Haus lief, sprach ich zu meinen Freun-

den, den Bäumen. Ich schickte ihnen Gedankenbilder und Gefühle zu. So etwas wie:

„Bitte, beschützt unser Haus. Ihr seid nur wenige Bäume, aber haltet zusammen. Zerfächert die Luftströme und lasst sie über das Dach hinweggleiten. Und bitte, seid vorsichtig mit euren Ästen. Wenn ihr sie loslassen müsst, dann lasst sie nicht in die Scheiben des Wintergartens fallen."

Während ich das innerlich sagte, meckerte mein Verstand: „Verrückt, verrückt. Wer hat so was schon gehört."

Später, in der Geborgenheit des Hauses, war ich immer noch eiskalt, deshalb machte ich mir ein heißes

Bad und blieb solange drin, bis ich rot wie ein gekochter Krebs war. Dann trank ich ein paar Tassen heißen Tee, doch immer noch zitterte ich. Auch in der Nacht, als ich im warmem Bett lag, fühlte ich noch ein Zittern in Körper und Sinn. Der Sturm toste, wie ich es noch nie gehört hatte. Bäume ächzten. Äste brachen und stürzten mit dumpfem Aufprall zu Boden.

Trotz des Tobens wäre ich beinahe eingeschlafen, aber da fiel mir die alte Esche an der Vorderseite des Hauses ein. Die Esche ist um die 250 Jahre alt. Sie überragt das Haus mit ihren gewaltigen baumlangen Ästen und ist kilometerweit über den Wald hinweg zu sehen. Armdicker Efeu rankt sich um ihren Stamm. Ein ehrwürdiger Baum.

Doch nun erinnerte ich voller Schrecken, was die Nachbarn uns über die Esche gesagt hatten.

„Der Baum muss weg", hatte ein Nachbar geraten, „wenn es mal zu einem richtigen Sturm kommt, fällt er euch aufs Dach, und dann ist das schöne Haus ein Trümmerhaufen."

„Eschenholz bricht leicht", sagte ein anderer, „Eschen lassen ihre Äste einfach so fallen. Wenn da mal so ein Ast runterkommt, so dick wie ein Baum, dann gute Nacht“.

Wir dachten aber nicht im Traum daran, sie fällen zu lassen. Wir liebten die Esche.

Sie strömte Ruhe und Heiterkeit aus. Wir fühlten uns behaglich mit ihren Ästen über uns.

In dieser wilden Sturmnacht jedoch fühlte ich mich gar nicht behaglich mit diesen mächtigen Ästen über dem Haus. Voller

Wehmut dachte ich, dass unser Leben uns immer wieder vor die Frage stellt: „Deine Sicherheit oder meine Sicherheit?“

Muss es wirklich so sein? Ist es wirklich unausweichlich, dass wir andere zurückdrängen müssen, um selber Raum zu haben? Oder freundliche alte Bäume fällen müssen, um das eigene Haus zu schützen? Ist das Leben eigentlich lebenswert, wenn wir nur auf Kosten anderer Leben in Sicherheit und Frieden leben können?

Seth hat in Jane Roberts Büchern immer wieder davon gesprochen, dass wir selber unsere Realität erschaffen. Nun, dann will ich sie so erschaffen, wie sie mir gefällt. Meine Realität soll eine friedliche sein. Ich will in einer Welt leben, wo jedes Leben geachtet wird. Eine Welt der freundlichen Beziehungen zwischen Menschen und Tieren und Bäumen und anderen herrlichen Wesen, die ich nicht sehe und höre, aber deren Gegenwart ich gelegentlich fühle, wie die Wunderbaren. Meine Gedanken wurden ruhiger. Im Einschlafen dachte ich noch: Bitte, Esche, beschütze uns.

Am nächsten Morgen sahen wir überall Zweige und Äste auf der Erde liegen, besonders an der Westseite des Hauses. Ein langer Ast lag direkt am Haus vor den großen, tiefen Fensterscheiben des Wintergartens, aber die Glasscheiben waren ganz. Auch war kein Ziegel vom Dach geweht. Alles war in Ordnung. Danke, Bäume, danke.

Überall in der Nachbarschaft gab es Sturmschäden. Das Fernsehen quoll über von Schadensberichten und Schreckensmeldungen. Dachdecker, Glaser und Autoreparaturwerkstätten hatten Hochkonjunktur. Es gab noch zwei weitere Wirbelstürme in jenem Winter, Stürme, wie Westeuropa sie seit Jahrzehnten nicht erlebt hatte. Jedesmal sprach ich mit den Bäumen. Jedesmal überstanden wir den Sturm ohne Schaden.

Manches Mal, wenn ich unter der Esche stand, staunte ich über das Wunder, wie sie es geschafft hatte, im Sturm nur dünne, kleine Zweige zu verlieren und keinen ihrer dicken, schweren Äste. An einem Sommerwochenende besuchten wir alle meine Eltern. Wir alle, das waren Vater, Mutter, drei Kinder und ein Hund. Die Katzen blieben zu Hause. Es war ein sonniger Tag. Ein warmer, mäßiger Wind wehte. Als wir nach Hause kamen, lag ein riesiger Eschenast, so groß wie ein Baum, längs vor dem Haus. Hatte die Esche gewartet mit dem Ast-Abwerfen, bis wir alle fort und in Sicherheit waren?

In den folgenden Monaten lernte ich immer mehr, meinen Geist zu klären. Wenn ich mit Prinz durch unser Wäldchen ging, öffnete ich all meine Sinne und mein Herz für die Schönheit und Frische von den Blumen, Büschen und Bäumen um mich herum. Mein Spaziergang wurde eine Meditation in Bewegung. Ich fühlte Dankbarkeit für alles, was ich in der Natur sah, hörte und fühlte.

Während ich meine inneren Sinne für die Energie-Intelligenz von Bäumen öffnete, wurde ich dessen gewahr, wie sie sanfte und liebevolle Energien für uns Menschen aussenden, wie treue Schäferhunde, die über ihre Menschen wachen. Ich empfand damals und empfinde immer noch eine große Dankbarkeit für Bäume. Ihre Schönheit und sanften Energien bereichern unser Leben. Noch wichtiger, ohne Bäume könnten wir keine Luft atmen. Ohne Bäume würden wir aufhören zu existieren.

Wenn du dir der Schönheit und der intelligenten Kräfte der Natur gewahr werden willst, musst du still werden. Du musst deine Sinne öffnen und die Natur um dich herum sehen, hören, riechen und fühlen. Gleichzeitig musst du in deinem Herzen gegenwärtig sein. Dies erfordert Übung, aber wenn du erst einmal Erfolg hast, bist du gesegnet mit der Magie der inneren Stille. Du wirst die tiefere Schönheit der Natur erleben. Du wirst vielleicht sogar mit der Natur kommunizieren. Auf jeden Fall wird dein Leben reicher sein.

Das Heilige Jetzt

Gehe spazieren
oder grabe im Garten
oder mache sonst etwas,
das nicht deine volle
Aufmerksamkeit erfordert,
aber bleibe allein.

Lass deine Gedanken ruhig werden
und richte deine Aufmerksamkeit
auf das, was du siehst,
auf das, was du hörst,
und was du fühlst,
und richte dann
deine Aufmerksamkeit
sanft auf dein Herz.

Vollständig im Hier und Jetzt
bist du mit dem Göttlichen verbunden.

Regen

Es war ein warmer, trockener Sommer. Wochenlang schien die Sonne vom wolkenlosen Himmel. Zuerst freuten sich alle.

„Endlich mal ein wirklicher Sommer," sagte ein Nachbar.

„Ja, ist das nicht ein toller Sommer?"

Die Leute strömten in die Seen und Badeanstalten. Eiskrem wurde eimerweise gegessen. Die Tische und Stühle der Straßencafes wucherten über die Straßen. Abends hing der Rauch von Holzkohlengrillen in der Luft. Endlich mal ein richtiger warmer Sommer. So sollte er sein.

Wochenlang blieb es trocken. Wochenlang schien die Sonne. Aus der Wärme wurde Hitze. Allmählich zog man sich vom Garten ins kühle Haus zurück. Die Leute fingen an zu maulen, weil es ihnen allmählich leid war, täglich ihre Gärten zu wässern.

Nach einer Weile ärgerten sie sich noch mehr, weil sie ihre Gärten nicht mehr wässern durften, weil das Wasser knapp wurde. Die Bauern sahen eine Heukatastrophe auf sich zukommen, weil das Gras auf den Wiesen ohne Wasser vermickerte. Nun sprach man nicht mehr vom richtigen tollen Sommer sondern vom Hitzesommer und Dürresommer.

Auch unsere Kinder und deren Freunde fingen an, sich über Hitze und Trockenheit zu beklagen.

„Das bisschen Hitze hier ist ja gar nichts", erklärte ich ihnen in unserem angenehm kühlen Haus mit seinen dicken Steinwänden, die die Hitze abhielten, „in Afrika, in der Sahelzone, wo es viel heißer ist als hier, regnet es manchmal sieben oder acht Jahre lang nicht. Das nenne ich Trockenheit, jahraus, jahrein keinen Regen. Die Leute dort hatten es hübsch heiß. Bis dann die alte Indianerin kam und Regen brachte."

„Regen brachte? Wirklich? Wie soll das denn gehen? Erzähl doch mal."

Ich hatte ein sehr interessantes Buch entdeckt. 'Zeit ist eine Illusion' von Chris Griscom. In einem Kapitel schreibt sie über die Hopi-Indianer, die in der trockenen Wüste von Arizona leben. Trockene Wüste hin oder her, sie bauen dort seit mehr als viertausend Jahren Mais an. Wie ist das möglich? Sie kennen die Kunst, den Regen zu rufen. Wie übrigens auch andere Indianervölker Nordamerikas. Eines ihrer Sprichwörter ist: „Wenn dein Herz rein ist, kannst du den Regen rufen."

Um Regen in eines der trockensten Länder Afrikas zu bringen, hat Chris Griscom eine der weisen Frauen des Hopi-Volkes nach Somalia begleitet. Tagelang hatte die Indianerin gefastet und meditiert. Dann hatte sie im Beisein von den Häuptlingen der umliegenden Dörfer blaue Maiskörner in den Boden gelegt und eine Zeremonie abgehalten, um den Regen zu rufen.

Und dann hatte es tatsächlich geregnet. Es gab nicht nur ein Schauerchen, nein. Es regnete tagelang, bis es den Leuten schon fast zuviel wurde.

„Und das ist wirklich passiert?" fragten die Kinder.

„Ja, wirklich. Ist das nicht erstaunlich?“, sagte ich. „Ich habe sogar vor einigen Jahren Berichte und Fotos darüber in einer Illustrierten gesehen. Damals dachte ich wie wohl die meisten Menschen, na, ob das wohl stimmt? Das ist sicher eine Zeitungsente. Aber als ich neulich im Buch darüber las, merkte ich, dass da doch was Wahres dran ist.“

Bei so einer Geschichte kommt natürlich die Frage auf, ob auch ein normaler Mensch wie du und ich Regen bringen kann. Die Antwort ist ja. Was einem Menschen möglich ist, muss auch anderen Menschen möglich sein. Seth sprach davon, dass wir Menschen Einfluss auf das Wettergeschehen haben, nicht so sehr ein einzelner Mensch sondern eher größere Menschenmengen. Nun, gesetzt den Fall, dass die Menschen im allgemeinen unentschlossen sind, fifty/fifty sozusagen, kann dann ein Einzelner den Ausschlag geben?

Beim Frühstück hörten wir den Landfunk. Wir lebten ja schließlich zwischen Bauern auf dem Land. Wir hörten natürlich auch immer den Wetterbericht für die Landwirtschaft, der für eine ganze Woche ausgegeben wurde. Sie sagten uns eine weitere Woche mit Hitze und Trockenheit voraus.

„Willst du nicht mal für ein bisschen Regen sorgen?" fragten mich die Kinder hoffnungsvoll, bevor sie auf ihren Rädern zur Bushaltestelle fuhren.

Sollte ich? Hatte ich das Recht, mich da einzumischen? Das ist doch eine weitreichende Angelegenheit, das Wetter zu verändern und Regen zu bringen. Das darf ich mir nicht anmaßen. Außerdem ist mir die Verantwortung zu groß. Was sich die Kinder wohl denken, einfach mal so für Regen sorgen!

Trotz dieser vernünftigen Gedanken radelte ich eine Weile später durchs Immenfeld, und Prinz lief neben mir her. Die Wiesen links und rechts vom Weg waren nur kurz bewachsen. Die Halme auf den Feldern sahen schlapp aus. Die Gräben waren eingetrocknet. Der Himmel über mir war nicht klar und durchsichtig blau sondern eher graublau, trübe, so als hing Wasserdampf hoch in der Luft. Ist das etwa Wasserdampf, der nicht Regen werden will? Ich hielt an. Prinz kam erwartungsvoll näher.

Ich schaute mich um. So weit ich sehen konnte - kein Haus, kein Stall, kein Mensch.

Sollte ich das mit dem Regen-Rufen wirklich mal versuchen? Obwohl ich gerade erst gefrühstückt hatte?

Die alte Indianerin hatte jedenfalls tagelang gefastet. Na ja, mit so vielen neugierigen Augen und Kameras um sich herum wollte sie wohl sichergehen mit dem meditativen Zustand.

Ich hoffte, dass das Fasten keine Vorbedingung fürs Regenbringen war. Wenn es unser Bewusstsein ist, dass sich mit dem Bewusstsein in der Natur um uns herum verbindet, dann kann so ein kleines Frühstück im Magen wohl kein großes Hindernis sein, oder?

Wie man das nur macht, sich mit den Wolken oder besser gesagt, mit dem Wasserdampf in der Luft zu verständigen? So wie mit der Trauerbirke? Ruhig und tief atmen, den Geist ruhig werden lassen, das Herz öffnen, sozusagen. Bitten und dankbar sein? Ich stellte mir vor, wie aus dem Wasserdampf über mir lauter Tropfen wurden, die klatschend um mich auf den Boden fielen. Ich stellte sie mir so deutlich vor, wie ich nur konnte. Den ganzen Himmel über mir sah ich erst voller Wasserdampf, dann voller Wassertropfen, die fielen, fielen, fielen. Ich fühlte mich umgeben von diesen Regentropfen. Ich sah sie im Geiste um mich herum auf die staubige Straße fallen, in die Risse der lehmigen Böden, auf die dürren Blätter, auf Dächer, auf Bäume, auf mich.

Es wurde mir schon ganz kühl und ich erwartete jeden Augenblick einen Regenschauer, wenigstens einen ganz kleinen, kurzen. Nichts geschah. Der Himmel schien noch ein bisschen trüber geworden zu sein. Das war alles.

Ich kehrte um und fuhr zurück. Na ja, vielleicht braucht man zum Regenbringen eine besondere Gabe, die nur wenige Menschen haben. Oder vielleicht musste man wirklich fasten, um sich auf diese Aufgabe vorzubereiten. Unser Nachbar Heinrich kam mir im Auto entgegen gefahren. Er winkte mir zu. Wie gut, dass er erst jetzt kam, dachte ich, und mich nicht vorhin so blöd mit geschlossenen Augen mitten auf der Straße hat stehen sehen.

Mittags, als ich fast mit dem Kochen fertig war, kam es mir so vor, als wenn es draußen tropfte und platschte. Das konnte doch nicht Regen sein? Ich lief nach draußen. Dicke Regentropfen fielen vom Himmel. Regen, den ich gerufen hatte. Schließlich hörte es auf zu regnen, und die Sonne schien wieder. Der Vorplatz war nass und das Dach und das Gras und die Büsche und Bäume und die Kinder, die begeistert angeradelt kamen.

Nun, es war ja nur ein kurzer Regenschauer. Kaum von Bedeutung. Vielleicht ein Versehen der Natur. Ein wirklicher Beweis dafür, dass wir Menschen tatsächlich mit der Natur um uns herum in Verbindung stehen und sie bewegen können, es regnen zu lassen, muss viel Regen bringen, Mengen von Regen, Wassermassen, nicht wahr? Man will sich doch nichts vormachen.

Zwei Wochen später war es so weit. Wieder hatte der Landfunk eine Woche mit Hitze und Trockenheit prophezeit. Ich sagte den Kindern, dass ich es noch einmal versuchen wollte mit dem Regenrufen. Dann fuhr ich ins Immenfeld. Danach gab es zwei Tage lang Regen.

Nun will ich dich nicht dazu auffordern, Regen zu bringen oder Stürme zu entfachen. Aber es tut doch gut zu wissen, dass wir tatsächlich auf die Natur ringsherum einen Einfluß ausüben. Es ist wahr, was die Erleuchteten aller Zeiten uns sagten: Wir sind mit der Natur verbunden. Wir sind ein Teil der Natur. Wir sind nicht isoliert, nicht allein, niemals.

Es scheint, dass unsichtbare Fäden uns mit dem Leben um uns herum verbinden. Ich grübelte darüber nach, was für Fühler wir ausstrecken, und wie wir das machen? Ist das nicht geheimnisvoll, einfach magisch, dass wir Menschen diese geheimnisvollen Fäden spinnen, die uns mit anderen Menschen, mit Tieren und Pflanzen und sogar mit Stürmen und Wolken verbinden?

Teppich des Lebens

Gehe langsam durch
einen Wald oder
über eine Wiese.

Lass deine Gedanken
ruhig werden.

Hör auf den Wind der
mit den Blättern spielt.
Schau dir die Formen
und Farben der Blätter,
Grashalme, Kräuter,
Zweige und Steine an.
Rieche den Duft der
Blumen, der Kräuter
und des Bodens.
Spüre den Wind.

Fühle den
Sonnenschein auf
deiner Haut
und den Schatten.

Teppich des Lebens II

Spürst du, wie dein Atem
durch dich geht?

Bist du dir des Pulsierens
deines Blutes bewusst?

Verbinde alle Eindrücke
und nehme die Natur
um dich herum und in dir
als eine lebendige
Struktur wahr.

Fühle, wie du eingebettet
bist in diese Struktur.

Du bist ein bunter Faden
im Teppich des Lebens.

Der Bach

Auf meiner Suche nach dem Sinn des Lebens hatte ich jahrelang an unserer Universität Philosophie studiert. Dann lernte ich, zu meditieren und zu visualisieren. Ich beschnupperte auch Transzendentale Meditation und dann vor allem ZEN-Buddhismus, der mich faszinierte.

In meinen Meditationen verrenkte ich meine Knochen, um dem Lotussitz so nahe zu kommen, wie es mir möglich war. Aber diese Haltungen erwiesen sich als schmerzvoll. Anders als unsere Nachbarn in Afrika und Asien, die mit Leichtigkeit und Anmut auf dem Boden sitzen, sind wir in der westlichen Welt erzogen, uns auf Stühle und Sofas zu verlassen.

Einige europäische Mit-Meditierende, die ich traf, sprachen davon, dass man sich mit dem Schmerz anfreunden kann und dieses im Laufe der Jahre auch tut. Auch sprachen sie davon, dass man sich nicht um den Schmerz kümmern sondern das Ego töten sollte, ein bekanntes Konzept aus vielen alten und neuen geistigen Traditionen.

Ich hörte ihre Worte, aber etwas in mir scheute zurück vor diesen Vorschlägen. Bei allem Respekt, ich fühlte, dass die Zeit gekommen ist, neue Wege zu gehen und mit dem Ego sanfter umzugehen. Schließlich ist es Teil unseres unendlichen Bewusstseins.

Als die Jahre sich hinstreckten durch den Kreis der Jahreszeiten, erschloss ich mir die Magie der inneren Stille. Ich fing damit an, meinen Geist stiller werden zu lassen und zu fühlen, wie sich mein Atem durch den Körper bewegt, und die Gedanken sanft weg zu schieben, die auf der Oberfläche des Bewusstsein treiben. Was zu tun ist und was zu bedenken ist und vergiss ja nicht das. Ich wurde mir meines Körpers mehr und mehr bewusst, der verschiedenen Temperaturen der Luft um mich herum, der Kleidung, die ich trug, der Textur des Bodens unter meinen Füßen.

Als mein Geist immer ruhiger wurde, wurde ich mir immer mehr meines Körpers selbst bewusst, seiner

Bewegungen und der Ströme von Energien. Schließlich fühlte ich eine innere Gegenwart im Körper, eine sanft leuchtende, liebende Gegenwart.

Je mehr ich diese innere Gegenwart fühlen konnte, desto reicher und bunter wurde mein Leben. Da war eine größere Klarheit der Wahrnehmung, eine neue Tiefe der Gefühle, tiefer innerer Frieden.

Als ich mein Herz und meine Sinne mehr denn je zuvor für die Geschöpfe und Kräfte der Natur öffnete, schienen Mauern um mich herum zu zerbröckeln. Ob wir uns dessen bewusst sind oder nicht, unsere Gesellschaften errichten feste Gedankengebäude um uns herum. Unser Intellekt wird dazu erzogen, in vorgezeichneten Bahnen zu funktionieren. Immer wieder ziehen wir die selben Bahnen, immerzu drehen wir uns im Kreise. Zum Glück können wir uns befreien, denn uns wurde ja der freie Wille gegeben.

Während ich auf die Stimmen der Natur lauschte, verfeinerten sich meine Sinne. Auch mein Intellekt wurde freier und schweifte neugierig umher. Sie befreundeten sich immer mehr, mein Intellekt und meine Intuition, und wann immer ich die Beschränkungen 'vergaß', in deren Grenzen der Intellekt 'sich zu bewegen hat', tauchten faszinierende neue Ideen und Bilder in meinem Geist auf. Meine unsichtbaren Freunde lehrten mich Schritt für Schritt, die Kräfte in meinem Innern miteinander zu versöhnen. Eine wichtige Entwicklung, denn wie kann man in Harmonie mit anderen leben, wenn man in sich selber zersplittert ist?

Wie gesagt, der ZEN-Buddhismus, vor allem der aus Tibet, faszinierte mich. Ein Werkzeug für die Meister des ZEN-Buddhismus, mit dem sie ihre Schüler vorwärts in Richtung Erleuchtung schubsen, ist das Koan, eine Art widersprüchliches Rätsel, ein Paradoxon, das mit dem Intellekt, dem Verstand, nicht zu lösen ist. Von Zeit zu Zeit fragt der Meister den Schüler nach der Lösung des Koans, und der Schüler, der seinen Meister verehrt und unbedingt die gestellte Aufgabe lösen will, grübelt tagelang, wochenlang, vielleicht sogar monatelang darüber nach. Er hat dieses Koan im Sinn, was immer er tut.

Dann geschieht etwas Plötzliches, Unerwartetes in der äußeren Welt, ein Knall, ein Schreck, vielleicht ein Sturz, und vielleicht bricht er sich das Bein. Aber dieser Schreck reißt ihn heraus aus dem üblichen Denken und er erkennt in einem gnadenvollen

Augenblick die Welt, wie sie wirklich ist. Dieses Erleuchtungserlebnis, so kurz es auch sein mag, verändert sein Weltbild für immer.

Das musste ich unbedingt selber ausprobieren. Ein Koan für mich finden und dann darüber meditieren. Alles mögliche Altbekannte kam mir in den Sinn, wie zum Beispiel:

„Was ist älter, das Huhn oder das Ei?“ oder:

„Wie ist der Klang beim Klatschen von nur einer Hand?“

Aber ich wollte mein eigenes Koan finden. Eines Tages, als ich wieder mit Prinz durch den Wald ging, am Bach entlang, kam mir die Frage in den Sinn: Ist dieser Bach jung, weil er nebenan auf Heinrichs Wiese entspringt? Oder ist er alt, weil er seit der letzten Eiszeit tiefe Mäander in den Waldboden gegraben hat?

Das war ein gutes Koan, fand ich. Und am Besten war, dass ich es selber gefunden hatte. Beim Kartoffelschälen und Bettenmachen hatte ich dieses Koan im Sinn, beim Unkrautjäten, Schreiben und Katzenfüttern, beim Meditieren, beim Studieren, beim Einkaufen, beim Einschlafen.

Eines Tages, als ich wieder durch den Wald ging und mein Geist erfüllt von dieser Frage war und gleichzeitig ganz still, geschah das Wunder. Mein Blick ruhte auf dem Bach, ich sah den Bach, aber er war nicht nur ein Bach. Er ist eine brausende, fließende Wesenheit, die aus winzig kleinen Lichtpünktchen besteht.

Diese Lichtpünktchen fließen nicht nur im Bachbett sondern strömen auch hoch darüber hin in der Luft. Der Bach ist eine freudige und kraftvolle Energie, die überströmend hochbraust und daherbrandet, so prächtig, so überwältigend, so lebendig. Ja, lebendig.

Die Bach-Energie, die ich fühle, sehe, wahrnehme, hat Bewusstsein. Ist Bewusstsein. Ich fühle Freude im Bach-Bewusstsein, Kraft, Begeisterung. Triumph. Etwas in mir antwortet. Ich selber bin lebendig, prächtig, überwältigend. Die Bach-Wesenheit, sich ihrer selbst triumphierend bewust, und die Brigitte-Wesenheit drehen sich umeinander, durchdringen einander, tanzen miteinander..... Freude, Freiheit, Seligkeit..... Verstehen...

Dann mischte sich mein vorlauter Verstand ein. „Ist das nun ein Erleuchtungserlebnis?" fragte er, und das Wunder verging.

Der Bach war wieder der Bach. Ich war wieder Brigitte. Das Verstehen entglitt mir. Die Tür in eine andere Dimension fiel zu.

Im siebzehnten Jahrhundert machte der große Mathematiker und Philosoph Leibniz ein interessantes Gedanken-Experiment. „Stell dir vor", sagte er, „dass du das allerschärfste Messer der Welt hast, das feinste Skalpel, das man sich denken kann. Mit diesem Messer schneidest du ein Stückchen Materie, sagen wir mal, ein Sandkorn mitten durch, und dann wieder mitten durch und dann wieder. Du schneidest und schneidest, und das Stückchen Sandkorn wird immer kleiner und kleiner. Wenn du unendlich lange geschnitten hast - was bleibt dann übrig? Wenn du nichts mehr zu schneiden hast, was hast du dann vor dir?“

So ungefähr fragte Leibniz. Was meinst du? Was bleibt übrig? Was ist die letzte allerkleinste Einheit des Sandkorns? Von jeder Materie? Leibniz nannte sie ‘Monade’. Die kleinste Einheit hat weder Höhe, Tiefe noch Breite, weder Festigkeit, Farbe noch Gewicht. Diese Einheit ist Bewusstsein.

Obwohl dieses Konzept schwierig zu verstehen scheint, erinnere dich bitte daran, dass am Anfang dieses Jahrhunderts Einstein mit seiner berühmten Formel

$$E = mc^2$$

die Beziehung von Materie zu Energie dargestellt hat. Materie kann man in Energie verwandeln, Energie in Materie. Materie ist so etwas wie gefrorene Energie.

Wir wissen aus die Forschung in der Quantenphysik, dass Materie im Bereich des Atoms und der subatomen Teilchen aus pulsierenden Energiefeldern besteht. Alle Materie, einschließlich unseres physischen Körpers, besteht aus vibrierenden Wellenmustern von Energie. Diese Tatsache ist in der alten chinesischen Medizin und der Ayurvedischen Medizin in Indien schon seit Tausenden von Jahren bekannt.

Sie war auch schon im antiken Griechenland vor ungefähr 2500 Jahren bekannt, als Pythagoras sagte: „Ein Stein ist gefrorene Musik."

Es war ein Physiker des zwanzigsten Jahrhunderts, David Bohm, der sagte: „Ein Felsen ist gefrorenes Licht."

David Bohm schrieb auch: „Ich möchte sagen, dass es mein wichtigstes Anliegen in meiner wissenschaftlichen und philosophischen Arbeit ist, die Natur der Realität im Allgemeinen und des Bewusstseins im Besonderen als kohärentes Ganzes zu verstehen..."

Es scheint, dass die Welt um uns herum ein pulsierendes Feld von bewusster Energie ist, obwohl unsere Wahrnehmung uns etwas anderes sagt. Bäume und Vögel und Felsen und Wolken und die Zellen deines eigenen Körpers haben ihre eigenen Frequenzwellenmuster von Energie und Bewusstein.

Was ich in diesem besonderen Augenblick mit dem Bach erlebt habe, war der Bach als Bewusstseins-Energie, das, was hinter dem Gewässer steht, das sich durch den Wald schlängelt. Ich erlebte den Bach als Bewusstseins-Energie und mich selber auch als Bewusstseins-Energie, und unsere Energien klangen zusammen Ein paar Herzschläge lang war die Tür zu einer anderen Dimension für mich aufgegangen. Ich erlebte reine Freude, reines Entzücken und reines Verstehen. Die Tür fiel zu.

Dennoch, wir alle haben die Fähigkeit, diese Türen zu öffnen. Der auslösende Schlüssel ist der tiefe Wunsch, bewusster und weiter zu sein. Die Grundlage dafür, es Wirklichkeit werden zu lassen, ist die Magie der inneren Stille.

Ewiger Fluss

Wasser reinigt und heilt,
aber du musst nicht in einem See
oder Fluss schwimmen,
um die Heilkraft des Wassers zu erleben.

Während du langsam und tief atmest,
stelle dir vor, neben einem Fluss zu sein.
Werde dir bewusst,
wie friedlich er fließt
und wie sauber sein Wasser ist.

Gehe langsam ins Wasser
und fühle, wie warm
und erfrischend es ist
und wie es Angst und Ärger,
Zweifel und Schmerzen
aus dir heraus wäscht.

Schließlich wirst du so klar
wie das Wasser.

Prinz

Wenn der Geist erst einmal hinaus reicht aus dem Schneckenhaus der Gewohnheiten, kommt das scheinbar feste Gefüge um uns herum in Bewegung. Wenn man seinem größeren, freieren Ich etwas mehr Spielraum einräumt, kann es geschehen, dass man vom Fluss des Lebens fortgetragen wird wie auf einer großen Woge. Uns sollte diese Woge bis nach Nordamerika tragen, bis nach Boston.

Unser deutscher Schäferhund Prinz folgte uns willig, wie es alle treuen Hunde tun. Prinz ist ein schöner Hund, doch als wir ihn aus dem Tierheim holten, war er so scheu, so ängstlich, dass wir das gar nicht sahen. Allerdings war etwas in seinem Blick, das uns zu ihm hinzog. In den ersten Wochen bei uns zu Hause sah er eher wie ein zerknautschtes Fellbündel aus. Er versteckte sich hinter Sesseln und verkroch sich in Winkeln bei jedem unerwarteten Geräusch. Er wagte kaum, zu essen und zu trinken. Wenn man ihm nahe kam, zitterte er.

Im Laufe der Zeit jedoch, als er lernte, uns zu vertrauen, schien er sich zu recken und zu strecken. Als er seinen Kopf hoch hielt, sahen wir, dass er nicht nur groß und stattlich sondern geradezu fürstlich war. Wie das Leben doch bereichert wird durch so einen klugen, treuen und feinfühligen Freund zur Seite, der immer Lust auf Spaziergänge hat, egal wie das Wetter ist, der sich immer freut, wenn du nach Hause kommst, der dich immer liebt, egal wie schrecklich du dich fühlst oder unfreundlich benimmst. Hunde und Katzen sind Herzöffner.

Prinz zog mit uns nach Boston in ein gut eingerichtet aber bedrückendes Haus. Viele trübe, leidvolle Erinnerungen schienen an den Wänden zu hängen.

Die ganze Nachbarschaft war getränkt von Gefühlen der Hoffnungslosigkeit. Mit leisem Schaudern näherte ich mich dem Haus, huschte schnell durch das Treppenhaus und schloss unsere Wohnungstür auf. Dort war es hell, warm und freundlich. Prinz war da und wartete auf mich: Ich betrat eine andere Welt.

Einige Monate später zog Prinz mit uns in ein neues, helles Haus. Wie gut er es jetzt hatte. Er kletterte mit uns in den Blue Hills herum, lief mit uns durch Wälder und holte Stöcke aus den Seen. Er folgte mir durchs Haus und sah meinen Töchteren bei den Hausaufgaben zu. Er wartete auf uns, er war immer da.

Eines Tages merkte ich, dass seine Bewegungen schwerfälliger waren, sein Bauch angeschwollen. Ich brachte ihn zu unserem Tierarzt.

„Das sieht gar nicht gut aus", meinte der Tierarzt, „fahren Sie bitte sofort zur Tierklinik und lassen Sie ihn röntgen. Ich melde Sie telefonisch an."

Sorgenvoll fuhr ich mit Prinz zur Tierklinik. Prinz sah mich bange an, als wir das Gebäude betraten.

„Was immer es auch ist“, sagte ich ihm, „ich nehme dich wieder mit nach Hause. Ich will nur wissen, was dir fehlt, damit wir dir helfen können.“

Prinz wartete geduldig, als ich die Formulare ausfüllte. Ein Pfleger kam mit einer blauen Perlonleine, um ihn zur Untersuchung abzuholen. Wieder sah Prinz mich bange an.

„Geh nur”, sagte ich zu Prinz, „ich hole dich nachher ab. Ich verspreche es.“

Vertrauensvoll ließ er sich fortführen.

Ich fuhr nach Hause, lief unruhig hin und her und wartete auf den Anruf aus dem Krankenhaus. Einige Stunden später kam der Anruf.

„Ihr Hund hat Leberkrebs im letzten Stadium“, sagte eine nüchterne Stimme, „er hat innere Blutungen, deshalb ist sein Bauch angeschwollen. Sie können ihn gleich hier lassen.“

„Was meinen Sie mit „ich kann ihn gleich dort lassen“?

„Da er schon mal hier ist und es keine Hilfe mehr für ihn gibt, können wir ihn gleich einschläfern. Sie

brauchen gar nicht erst herzukommen. Wir schicken Ihnen in den nächsten Tagen die Rechnung zu."

Mein Herz fing an zu schmerzen. Erwarten die dort, dass wir unsere besten Freunde beim Sterben im Stich lassen?

Als ich ins Krankenhaus zurückkehrte, um Prinz nach Hause zu holen, wurde er gerade von einem Pfleger in die Halle geführt. Ich streckte ihm meine Hände entgegen. Er legte seinen Kopf hinein.

Wir fühlten, dass er wusste, dass dies seine letzten

Tage in diesem Leben waren. Wir hatten uns vorgenommen, dass wir ihn einschläfern lassen würden, wenn wir merkten, dass er Schmerzen hatte. Er ging nur noch sehr langsam, aber er brachte uns immer noch seine Tennisbälle, die er nach wie vor geschickt auffing.

Er schlief auch nicht mehr wie sonst unten im Haus sondern neben meinem Bett. In dieser Woche lebte ich nur für ihn, es war die Osterwoche, und die Mädchen eilten von der Schule nach Hause, so schnell sie konnten. Jede Stunde, die uns noch blieb, wollten wir mit ihm zusammen sein.

Eines Morgens, als ich die Mädchen zum Schulbus fahren wollte, folgte uns Prinz in die Garage. Zu unserem Erstaunen stieg er schwerfällig ins Auto. Als ich zurückkam, wollte er nicht aus dem Auto heraus kommen.

Zuerst dachte ich, dass es ihm zu beschwerlich war, aus dem Auto heraus zu kommen, doch dann merkte ich, dass er es gar nicht erst versuchte. Er blieb ruhig liegen, obwohl ich ihn rief. Er sah mir nur in die Augen. Da begriff ich.

„Prinz, willst du in die Tierpraxis? Ist es soweit?"

Er wedelte kurz mit dem Schwanz. Ich weinte.

„Ich bringe dich nachher zum Arzt. Jetzt ist es noch zu früh. Steig bitte aus."

Er folgte mir langsam und offensichtlich mit Schmerzen. Ich rief in der Tierpraxis an. Um neun sollte ich ihn bringen. Der gefürchtete Tag war gekommen. Der Abschied war nah. Prinz lag vor mir auf dem Teppich und atmete in kurzen Zügen. Ich streichelte ihn und weinte. Ich hätte die Zeit festhalten mögen, aber unerbittlich wurde es neun Uhr.

Als wir bei der Praxis ankamen, stieg Prinz schwerfällig aber willig aus und ging langsam in einen kleinen Behandlungsraum, dessen Tür eine Assistentin öffnete. Prinz legte sich vertrauensvoll nieder. Er sah mir in die Augen, und ich fühlte seine Liebe zu mir. Der Arzt sprach freundlich mit ihm und bereitete die Injektion vor. Dann wandte er sich an mich.

„Am besten erledigen Sie jetzt den Papierkram“, sagte er, „denn nachher haben Sie keinen Sinn dafür. Wir warten so lange,“ und er nahm Prinz in den Arm. Als ich aus dem Zimmer gehen wollte - schrie Prinz auf. Er schrie wie ein Mensch in höchster Not. Ich rannte zurück und nahm ihn in den Arm.

„Ich lass dich doch nicht allein in deiner letzten Stunde, Prinz. Du bist doch mein lieber Freund. Ich komme gleich wieder.“

Im Büro unterzeichnete ich die notwendigen Papiere. Ich konnte sie kaum sehen vor Tränen. Dann ging ich zurück und hielt Prinz im Arm. Ich fühlte seine letzten Atemzüge und dann - die Stille.

Ich setzte mich ins Auto und fuhr zu einem sehr tröstlichen Ort in unserer Stadt, zu Infinity Books. Ich fand einen Parkplatz und wartete an der großen Kreuzung auf das Grün für Fußgänger. Tränen liefen mir übers Gesicht.

„Weinst du auch, Prinz?“ fragte ich, als ich über die Kreuzung ging. Da regnete es große dicke Regentropfen. Ich sah hoch. Der Himmel war blau, nur einige kleine weiße Wolken zogen über ihn hin. Eine Frau kam mir auf der Kreuzung entgegen.

„Ist das nicht ein merkwürdiges Wetter?“ sagte sie, „es regnet aus blauem Himmel!“

„Ist das wirklich Regen?“ fragte der junge Mann an der Kasse, „wo kommt der denn her? Die Sonne scheint, und es regnet. Das Wetter wird immer verrückter.“

Ich setzte mich mit ein paar Büchern auf das blaue Ledersofa in der New-Age-Ecke, hörte die friedliche Musik von „Deep Forest“ und atmete die weihrauchduftende Luft ein. Doch ich hielt es auch dort nicht aus. Ich fuhr wieder nach Hause.

Wie leer es dort war. Oh, Prinz, ichvermisse dich so sehr. Ich legte mich aufs Sofa und weinte.

„Ihr Wunderbaren”, sagte ich, „bitte zeigt mir Prinz und lasst mich wissen, wie es ihm geht. Bitte.“

Ich schloss die Augen und stellte mir Prinz vor, wie ich ihn zuletzt zu Hause gesehen hatte mit seinem geschwollenen, teilweise rasierten Bauch. Doch dieses leidvolle Bild verwischte sich. Prinz stand vor mir, gesund und stattlich, und wedelte mir mit halb geöffnetem Maul zu. Dann kam er näher und leckte meine Hände. Er war in einem Park mit vielen anderen Hunden, die fröhlich herumliefen und -sprangen.

Einige liefen dicht bei Prinz vorbei, als wollten sie sagen: „Komm, lauf mit,“ und das tat er denn auch. Er lief hinter den anderen her und kam dann wieder zurück, sah mich liebevoll an und wedelte, dann lief er wieder mit den anderen fort. Sie jagten einander zum Spaß. Kein Zweifel, Prinz ging es gut.

Als er wieder zurück kam, brachte er einen anderen unserer lieben Hunde zu mir, unseren Boxer. Beide leckten meine Hände, dann liefen sie wieder mit den anderen Hunden fort.

Dann kamen sie wieder zurück mit einem kleinen Hund, der mir vage vertraut war.

Dann erkannte ich in ihm den Hund meiner Kindheit. Auch er wedelte mit dem Schwanz. So viele Jahre lange hatte ich nicht an ihn gedacht, und nun stand er da mit unseren anderen Hunden.

Wie unterschiedlich sie waren. Der Dackel, der fröhlich mit seinem dünnen Schwanz wedelte, der Boxer, der so heftig wedelte, dass sein ganzer Körper wackelte, und der prächtige Prinz mit seinen eleganten

Bewegungen. Sie kamen immer wieder zurück und zeigten mir, dass sie mich liebten. Dann verblasste das Bild. Die Mädchen klingelten an der Tür. Ein Blick auf mein Gesicht sagte ihnen, dass Prinz gegangen war. Er war noch da aber nicht mehr in seiner physischen Gestalt.

Das Leben ohne Prinz war irgendwie rauher, scharfkantiger. Es schien, als wäre die Luft kälter geworden und die Schatten dunkler.

Als ich diese Erlebnisse mit Prinz niederschrieb, hatte ich Tränen in den Augen. Ich vermisste und vermisse ihn immer noch sehr. Plötzlich kam mir ein Lied in den Sinn. Ich summte es.

„Don't cry for me Argentina". „Weine nicht um mich, Argentinien".

Dann sang ich laut: „Weine nicht um mich, Argentinien". Seltsam, dass ich sang, obwohl ich so traurig war. Dann begriff ich, was ich sang:

„Weine nicht um mich."

Obwohl ich nicht aufhören konnte zu weinen, sagte ich: „Nein, ich will nicht mehr um dich weinen. Ich verstehe. Ich werde nicht mehr um dich weinen."

Und wieder kam mir das Lied so stark in den Sinn. Ich konnte nicht anders. Ich musste es wieder singen. Nun war es eine andere Zeile des Liedes, die deutlich hervor stach.

„The truth is, I've never left you..." – „In Wahrheit habe ich euch nie verlassen."

Du hast uns nicht verlassen, Prinz? Du bist noch immer da für mich, für uns? Irgendwie, irgendwo bist du uns nah? Ich weinte noch mehr, aber gleichzeitig überfluteten mich Empfindungen von Trost und Frieden. Ich fühlte die Gegenwart der Wunderbaren.

So sprechen sie zu uns: Aus der Tiefe unserer Psyche lassen sie uns Botschaften zukommen durch unsere Träume, durch Gefühle, die plötzlich in uns entstehen, durch Worte, die in einer Unterhaltung plötzlich bedeutsam werden, durch Sätze in Büchern, die uns in die Augen springen, oder durch Lieder, die uns plötzlich in den Sinn kommen.

Manchmal ging ich allein die vertrauten Wege, die ich mit Prinz gegangen war. An einem Morgen, als die Mädchen in der Schule waren, fuhr ich in einen Wald, in dem wir oft mit ihm herum gewandert waren.

Die Sonne schien warm. Vögel sangen. Bäume grünten – ein herrlicher Tag. Ich setzte mich auf einen Felsen und schaute über den See. Kein Mensch war zu sehen. Ich war allein mit der Natur und mit meinen Gedanken.

„Ihr Wunderbaren, sagte ich, „helft mir zu verstehen, warum Prinz so früh sterben musste."

Ich schloss die Augen, ließ meinen Geist still werden und lauschte. Bilder von Prinz tauchten vor meinem inneren Auge auf: Wie er zu unserer Familie kam, scheu und verängstigt, wie er Vertrauen zu uns fasste, wie er fröhlich mit den Kindern spielte und wie fürstlich er auf unseren Spaziergängen neben mir her schritt. Vor allem, wie er in dem düsteren, traurigen Haus in diesem neuen Land auf uns wartete und wie er unser Heim mit Liebe erfüllte.

Waren diese letzten Gedanken meine eigenen Gedanken? Sie waren mir unerwartet in den Sinn gekommen. Aber ja, es ist wahr! Er hat unser Haus mit Licht und Liebe erfüllt. In einer für uns sehr schwierigen Zeit hat er die Frequenz der Liebe für uns gehalten. Mir fielen die Schuppen von den Augen.

Prinz ist an Leberkrebs gestorben. Die Leber ist das wichtigste Entgiftungsorgan. Prinz hat nicht nur materielle Substanzen in seinem Körper entgiftet. Er hat die bedrückende Atmosphäre in dem dunklen Haus, alle die dunklen Energien von Angst, Wut und Leid, die in diesem Haus wucherten, durch sich hindurchgehen lassen und für uns gereinigt. Nicht ich war es, die sich in diesem Leben seiner annahm und ihn beschützte, er hat uns beschützt.

Das war seine Lebensaufgabe. Er hat dieses Leben, das für ihn am Anfang so leidvoll war, auf sich genommen, um uns in einer Zeit zu helfen, in der wir Hilfe dringend brauchten. Seine Energien der Liebe und Treue gaben mir den Mut, meine ungewöhnlichen Wege in Amerika trotz aller Schwierigkeiten weiterzugehen.

In diesem erleuchtenden Augenblick sah ich mein Leben aus einer viel höheren Perspektive. Die vergangenen Jahre leuchteten mit brillanter Klarheit.

Dennoch blieb der Kummer. Warum?

Warum? Ich hätte doch lieber Leid und Kummer auf mich genommen, wenn ich dadurch Prinz gesund und froh bei mir hätte behalten können.

Eine lange Zeit war alles still und stumm in mir. Kein Bild, kein Gefühl, keine Antwort. Dann änderte sich etwas, und ich fühlte die Gegenwart von jemandem, nein, die Gegenwart von zwei Wesen. Links neben mir saß Prinz. Er berührte mich. Ich fühlte ihn nicht mit den Nerven in meiner Haut, ich fühlte ihn mit feineren Sinnen, aber unverkennbar.

Rechts von mir stand eine männliche Gestalt. Ich spürte diese Gestalt, und dann konnte ich sie sehen. Der Mann trug eine weiße Mönchskutte und Sandalen an den nackten Füßen. Er hatte braune Locken, braune Augen, einen freundlichen Mund und einen schmalen Bart ums Kinn. Interessanterweise hatte ich seine Augen hin und wieder im Leben gesehen, immer, wenn etwas Wichtiges geschah. Ich grübelte, ist er mein spiritueller Führer?

Aber dann ließ ich den Gedanken fallen, denn für jetzt genügte es mir, einfach nur seine Gegenwart zu fühlen und die von Prinz.

Wir schauten gemeinsam auf den See hinaus. Ich erhielt Informationen über eine wichtige Aufgabe in meinem Leben und dass dies der Grund war, weswegen Prinz in mein Leben gekommen war und mir half.

So wichtig diese Erkenntnisse auch waren - in dem Augenblick am See war es mir viel wichtiger, mit diesen beiden liebenden Wesen am See zu sitzen und mich von der Sonne bescheinen zu lassen.

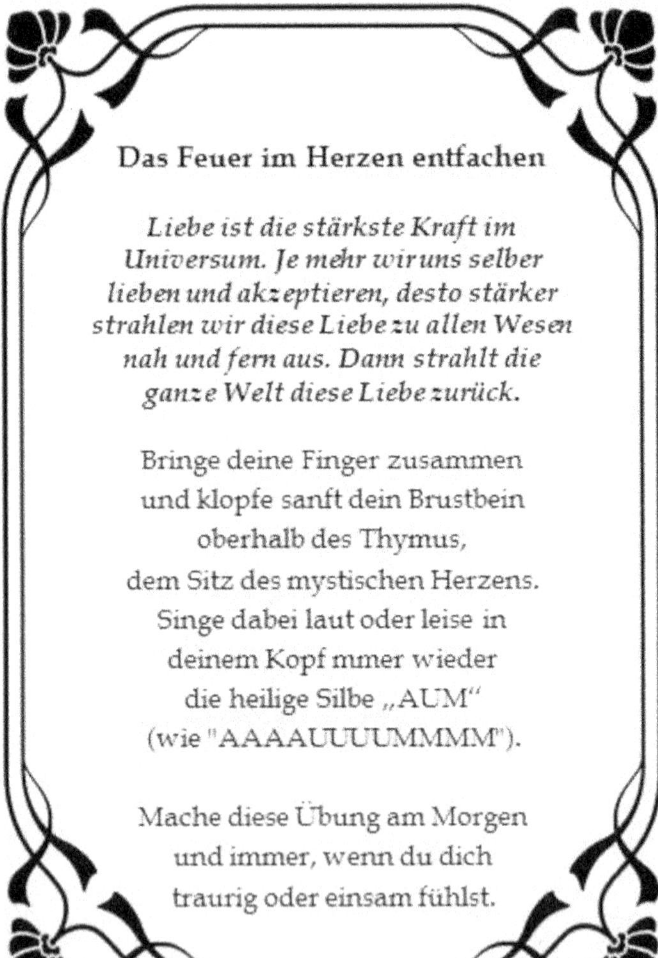

Das Feuer im Herzen entfachen

Liebe ist die stärkste Kraft im
Universum. Je mehr wir uns selber
lieben und akzeptieren, desto stärker
strahlen wir diese Liebe zu allen Wesen
nah und fern aus. Dann strahlt die
ganze Welt diese Liebe zurück.

Bringe deine Finger zusammen
und klopfe sanft dein Brustbein
oberhalb des Thymus,
dem Sitz des mystischen Herzens.
Singe dabei laut oder leise in
deinem Kopf mmer wieder
die heilige Silbe „AUM“
(wie "AAAAUUUUMMMM").

Mache diese Übung am Morgen
und immer, wenn du dich
traurig oder einsam fühlst.

Die Unschuld der Spatzen

Was wäre der Frühling in Neu-England ohne Spatzen! Sie hüpfen von Ast zu Ast, nisten in allen Büschen und Bäumen und umflattern das Haus. Öffnest du die Tür, hörst die ihre Flügel schwirren, noch bevor du sie auf den Zweigen landen siehst. Sie haben sich soviel zu erzählen. Der Tag ist kaum lang genug für all ihre Geschichten.

Ich sitze draußen im hellen Sonnenschein, meinen Schreibblock auf den Knieen, meinen Kugelschreiber in der Hand, und schaue auf die Spatzen.

Neben mir im Gras sitzen ein paar Spatzen und regen sich kaum. Der Wind plustert ihre Federn. Warum sitzen sie da so behaglich im Sonnenschein und flattern nicht herum wie die anderen auf der Suche nach Futter? Nun landen einige Spatzen bei ihnen.

Sie sind ein wenig größer und tragen Futter in ihren Schnäbeln. Ich nehme an, dass sie die Spatzen-Eltern sind. Die jungen Spatzen-Faulpelze öffnen ihren Schnabel weit für einen Wurm oder eine Fliege. Die Eltern stecken sie ihnen in den Schnabel, dann fliegen sie davon und suchen und jagen und kehren wieder mit Beute zurück.

Wie die jungen Spatzen da so friedlich sitzen, so behaglich, so voller Vertrauen. Sie sorgen sich nicht. Sie ängstigen sich nicht. Sie sitzen da in der unschuldigen Erwartung, dass ihre Wünsche erfüllt werden. Ihre Unschuld rührt mich.

Ich wünschte, ich könnte mich so unschuldig fühlen! Ich wünschte, ich könnte mich so geborgen fühlen!

Warum fühle ich mich anders als die Spatzen? Ich sitze gleich neben ihnen im selben Garten. Der selbe Wind, der ihre Federn aufplustert, spielt mit meinem Haar. Die Sonne scheint auf mich wie auf sie.

Was ist anders? Warum fühle ich nicht ihr selbstverständliches Vertrauen? Was hindert mich, das gleiche Vertrauen zum Leben zu haben wie die Spatzen? Ich fühle, dass sie vertrauen. Ich fühle auch, dass ich nicht vertraue, zumindest nicht so tief wie sie.

Was hindert mich, einfach so dazusitzen und den Sonnenschein zu genießen?

Da ist eine Unruhe, ein Drängen, eine Sorge, auch Angst. Ich habe Pflichten. Es gibt Dinge, die ich tun muss, bevor ich mich sorglos und sicher fühlen darf. Es ist fast so, als wenn ich nicht das Recht habe, mich frei und glücklich dem Augenblick hinzugeben.

Was würde geschehen, wenn ich so sorglos wie die Spatzen wäre? Wenn ich einfach im Sonnenschein sitze und darauf vertraue, dass alles gut geht und dass das Universum für mich sorgt, wie es für die jungen Spatzen sorgt? Habe ich nicht gelernt, dass wir selbst unsere Realität, unsere Lebensumstände, erschaffen? Muss ich Dinge erledigen, um würdig für

Freude und inneren Frieden zu sein? Genügt es nicht einfach, die Gaben des Universums zu akzeptieren?

Der Haken ist nicht beim Universum. Der Haken ist bei mir. Irgendwie fühle ich mich nicht gut genug. Als müsste ich erst noch jemand anderer sein, als ich jetzt bin, bevor ich gut genug bin, vollkommen bin. Sind die Spatzen denn vollkommen? Lass mich hinfühlen. Ich lasse meine Gedanken und Gefühle hinwandern zu den Spatzen. Sie sind ohne Zweifel. Sie sind einfach nur Spatzen und vollkommen im Frieden mit dem, was sie sind. Sie sind vollkommen.

Mit geschlossenen Augen schaue und fühle ich zu ihnen hin. Sie leuchten wie kleine runde Flammen.

Ich will auch leuchten, will auch Licht sein. Ich atme Licht ein. Das kenne ich schon lange. Das habe ich schon oft gemacht. Aber manchmal vergesse ich das auch wieder. Manchmal werden die Forderungen der äußeren Welt lauter und wichtiger, und dann vergesse ich, Licht einzuatmen.

Doch jetzt atme ich wieder Licht ein durch alle Poren meiner Haut. Ich atme Licht ein und lass es durch meinen ganzen Körper fließen und durch meine Energiefelder. Wie gut es tut, diese Lebensenergie

durch mich strömen zu lassen. Stiller und stiller werde ich, heller und heller.

Dann höre ich etwas. Ein leises Pochen, ein beharrliches Pochen. Ist das mein Herzschlag? Oder ist es der Herzschlag von Mutter Erde? Nicht fragen! Nicht denken! Still sein, Licht atmen. Licht sein.

Dann bewegt sich etwas in mir. Energien verschieben sich. Ich spüre etwas innig Vertrautes, das immer da war. Ich fühle mein inneres Energiefeld, meine innere Gegenwart wieder. Jetzt nehme ich es klar und deutlich wahr, ein Wissen von fundamentalem

Gutsein. Ich bin gut. Einfach gut, ohne Zweifel gut. Einfach ein Mensch. Ich gehöre hierher, in diese Zeit, an diesen Ort. Alles ist gut. Alles ist vollkommen. Ich bin vollkommen als die, die ich bin, so wie die Spatzen vollkommen sind als die, die sie sind.

Erwärmt vom goldenen Sonnenschein, umweht vom sanften Wind, getragen von unserer Mutter Erde kenne ich mich, akzeptiere ich mich, liebe ich mich.

Plötzlich ein Knacken von Zweigen, Flattern von Flügeln.

Ich greife unseren Kater Jonathan, der um die Hausecke kommt, und nehme ihn auf den Arm.

Die jungen Spatzen sitzen in den Büschen und schauen herab auf diesen fürchterlichen Tiger. Jonathan rekelt sich in meinen Armen, vollkommen er selber, einfach gut.

Im Gefüge des Lebens haben wir alle den richtigen Platz. Für Felsen und Bäume ist dieser Platz relativ fest. Der Platz für Tiere innerhalb dieses Gefüges ist beweglicher, fließender.

Wir Menschen bestimmen selber, wo unser Platz ist, von Atemzug zu Atemzug, von Gedanke zu Gedanke.

Wir können im Schatten bleiben und uns sorgen und ängstigen oder wir können voller Vertrauen in den Sonnenschein treten.

Das Universum lächelt dich an in jeder Blüte, in jedem Tautropfen, in jedem Sterngefunkel.

Du bist einzigartig.

Du bist kostbar.

Du bist geliebt.

Nachwort

Während ich hier im Sonnenschein sitze und schreibe, quillt eine Flut von Gedanken in mir hoch und fließt aus mir hinaus. Ich fühle den Sonnenschein, der meine Haut wärmt, und den warmen Wind, der mit meinem Haar spielt.

Ich höre Vögel tschilpen und Blätter rauschen. Ein Auto fährt vorbei und verbindet mich mit Straßen und Häusern und Menschen in meiner Stadt. Ein Flugzeug zieht über mir seine Bahn zum Flughafen Logan und webt ein Netz der Beziehungen von sich zu mir und zu fernen Städten und Menschen.

Im Nachbargarten lachen Kinder. Ich fühle die Erde unter meinen Füßen und weiß, dass sie mich zuverlässig und freundlich trägt und hält. Ich rieche den

Duft von Rosmarin und Thymian. Eingebettet in einen Strom von Gefühlsintensitäten treibe ich zu neuen Landschaften des Seins.

Kleine weiße Wolken ziehen hoch über mir über den hellblauen Himmel dahin. Für mich sind diese Wolken nicht irgendwelche Wolken, sondern sie stehen in Beziehung zu mir, zu meinem Leben, zu meinem Hiersein. Sie sind meine Wolken, aber sie sind auch deine Wolken und die Wolken der Spatzen.

Wieder sehe und fühle ich mit geschlossenen Augen zu den Spatzen hin.

Vor einigen Jahren hätte ich ihre Energien gar nicht wahrgenommen, doch meine Reise in die innere Stille und in die Natur hat meine inneren Sinne geschärft. Ja, sie leuchten, die Spatzen. Wie kleine runde Flammen sitzen sie da.

Auch ich leuchte, denn nun lebe ich wieder. Ich bin wieder zu Hause in meinem Körper und auf der Erde. Ich bin mir dessen gewahr, wie ich eingewoben bin in dieses Netz des Lebens, das von den Spatzen neben mir bis zur Milchstraße und weiter ins Unendliche führt. Das Leben ist reich und bunt und voller Überraschungen, jeden Augenblick neu.

Ich lache, während ich das schreibe. Ich lache, einfach so, voller Freude. Bin ich immer froh? Nein. Bin ich immer weise? Nein. Aber ich bin auf dem Weg dahin so wie du, lieber Leser.

Auf geheimnisvolle Weise war ich mir deiner immer bewusst, denn ich habe meine Geschichten für dich aufgeschrieben. Ich wusste, irgendwann würdest du im Internet nach frischen, neuen Büchern suchen und dir dieses Buch etwas genauer ansehen.

„Was um Himmels willen ist ‚Die Magie der inneren Stille'?, wirst du dich fragen, und damit beginnt die Reise auch für dich.

1
2

Über die Autorin

Brigitte Novalis kommt aus Deutschland, lebt aber jetzt mit ihrer Familie in der Nähe von Boston, Massachusetts. Sie arbeitet als intuitive Heilerin, Therapeutin und Reiki-Meisterin.

Brigitte hat Bücher in deutscher und englischer Sprache geschrieben, die den Lesern helfen, die Freude am Leben wieder zu entdecken, sich mit der Natur zu verbinden und Liebe zu finden.

Aber ihr ganzes Leben lang ist Brigitte auch ein Fan von Märchen gewesen. Seit ihrer frühen Kindheit ist sie begeistert von Geschichten von Drachen, Magie, Prinzen und Prinzessinnen in fernen Ländern und Schlössern.

Brigitte widmet nun einen Teil ihrer Zeit, von neuen Abenteuern zu träumen und Geschichten zu schreiben, die Kinder und Erwachsene gleichermaßen begeistern.

Hier kannst du Brigitte im Internet finden:
brigittenovalis.com/de

Die Bilder und ihre Künstler

Patrick Guenette ©123RF.com

Patrick Guenette © 123RF.com

Anna Pugach © 123RF.com

Anna Pugach © 123RF.com

Denis Barbulat ©123RF.com

Anna Pugach © 123RF.com

Slobodan Zivkovic/Shutterstock.com

Valentyna Smordova © 123RF.com

Morphart Creation/Shutterstock.com

makar/Shutterstock.com

Patrick Guenette ©123RF.com

makar/Shutterstock.com

Patrick Guenette © 123RF.com

Patrick Guenette ©123RF.com

Patrick Guenette © 123RF.com

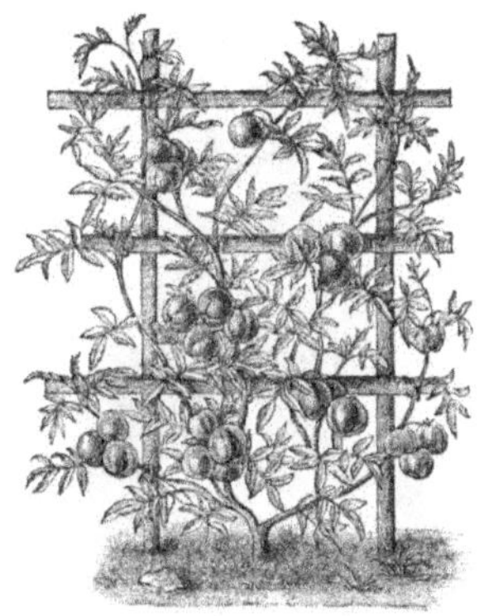

Hein Nouwens/Shutterstock.com

Constantina Dirica ©123RF.com

Eric Isselee © 123RF.com

tassel78 ©123RF.com

Konstantin Kozulko © 123RF.com

Victoria Levitskaya © 123RF.com

Hong Li © 123RF.com

Kav777©123RF.com

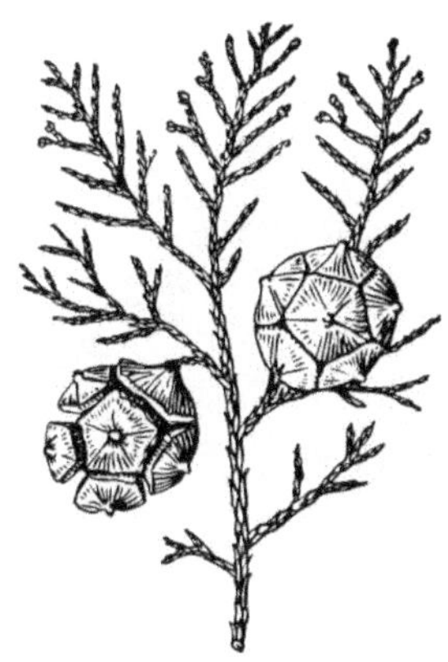

Denis Barbulat © 123RF.com

hillway ©123RF.com

Solveig/Shutterstock.com

Volodymyr Khodaryev © 123RF.com

Patrick Guenette ©123RF.com

Patrick Guenette ©123RF.com

Nikolay Mossolaynen © 123RF.com

Konstantin Kozulko © 123RF.com

Oxana Reshetnyova © 123RF.com

PREDRAG ILIEVSKI ©123RF.com

makar/Shutterstock.com

Ksenia Yusupova © 123RF.com

ckchiu/Shutterstock.com

typau © 123RF.com

Susan Richey-Schmitz © 123RF.com

Patrick Guenette ©123RF.com

Evgeny Turaev/Shutterstock.com

Agnieszka Majchrzak/Shutterstock.com

paranormal/Shutterstsock.com

100ker/Shutterstock.com

Engin Korkmaz © 123RF.com

Engin Korkmaz © 123RF.com

Tatiana Petrova © 123RF.com

anais/Shutterstock.com

100ker/Shutterstock.com

Smileus/Shutterstock.com

www.ingramcontent.com/pod-product-compliance
Lightning Source LLC
Chambersburg PA
CBHW072020040426
42447CB00009B/1675
* 9 7 8 1 9 4 4 8 7 0 2 1 8 *